농기구

겨레 전통 도감 농기구(보급판)

기획 · 토박이
글 · 이순수
그림 · 김경선, 낙송재

초판 편집 · 김미선, 김미혜, 이주연
교정 · 박근자
디자인 · 이안디자인

편집 · 김성재, 김소영, 김용란
디자인 · 이종희
제작 · 심준엽
영업 · 백봉현, 안명선, 양병희, 이옥한, 정영지
조병범, 조서연, 최민용
경영 지원 · 임혜정, 전범준, 한선희
원색 분해와 출력, 인쇄 · (주)로얄프로세스
제본 · 과성제책

초판 1쇄 펴낸 날 · 2009년 11월 11일
보급판 1쇄 펴낸 날 · 2016년 4월 30일
펴낸이 · 윤구병
펴낸 곳 · (주)도서출판 보리
출판등록 · 1991년 8월 6일 제9-279호
주소 · (10881) 경기도 파주시 직지길 492
전화 · 031-955-3535(영업) | 031-950-9542(편집)
전송 · 031-950-9501
홈페이지 · www.boribook.com
전자우편 · bori@boribook.com

토박이
주소 · (04050) 서울시 마포구 양화로 156
LG팰리스빌딩 918호
전화 · 02-323-7125 | 전송 · 02-323-7126
전자우편 · tobagi3@empal.com

값 20,000원

ISBN 978-89-8428-925-3 74600
ISBN 978-89-8428-921-5 (세트) 74600
이 도서의 국립중앙도서관 출판예정도서목록(CIP)은 서지정보유통지원시스템 홈페이지(http://seoji.nl.go.kr)와 국가자료공동목록시스템(http://www.nl.go.kr/kolisnet)에서 이용하실 수 있습니다. (CIP제어번호 : CIP2016007918)

이 책은 농협중앙회 농업박물관의 자료 도움을 받아 만들었습니다.

겨레 전통 도감

농기구

기획 토박이 | 글 이순수 | 그림 김경선 · 낙송재

보리

차례

머리말

우리 겨레는 옛날부터 농사일을 아주 소중히 여겼어. 그래서 '농자천하지대본' 이란 말이 생겼지. 이 말은 농사야말로 하늘 아래 가장 중요한 바탕이라는 뜻이야. 그런데 아무리 뛰어난 농사꾼이라도 농기구 없이는 농사를 지을 수 없어.

처음 농사를 짓기 시작한 신석기 시대에는 동물 뼈와 나무, 돌을 다듬어 농기구로 썼어. 그러다 쇠를 다루게 되면서부터 훨씬 튼튼하고 쓰기에도 편리한 모습으로 바뀌었지. 우리 겨레도 수천 년간 농사를 지어 오면서 슬기를 모아 농기구를 발명하고 쓰기 좋게 고쳐서 오늘날까지 써 왔어.

우리나라는 땅덩이는 작아도 기르는 농작물은 아주 많아. 또, 돌 많고 메마른 산간 지역도 있고 비옥하고 넓은 평야 지역도 있어 농사짓는 방법도 제각각이야. 그래서 농기구의 쓰임새나 가짓수도 다른 나라에 비해 무척 많지. 호미만 해도 종류가 수십 가지가 넘어. 농부들은 가까이에서 쉽게 구할 수 있는 재료들을 써서 농기구를 만들었는데, 오래 쓸 수 있고 쓸모가 많게 여러 가지로 궁리를 해서 만들었어. 가지가 벌어진 나무를 다듬어 지게를 만들고, 짚을 엮어 멍석, 멱둥구미, 삼태기 들을 만들었지. 쇠로 된 것 말고는 뭐든 손수 만들어 썼던 만능 재주꾼들이었던 셈이야.

그 가운데서도 지게나 가래 같은 것은 우리나라에만 있는 농기구야. 지게를 가만히 살펴보면 아주 과학적이야. 산과 강이 많아 수레를 쓰기가 어려우니까 오솔길이나 가파른 산길에서도 짐을 나를 수 있는 지게를 생각해 냈어.

전래 농기구에는 이처럼 우리가 미처 몰랐던 우리 겨레의 슬기와 순박한 마음이 고스란히 배어 있어. 농기구들 이름이 죄다 순우리말로 되어 있는 것에서도 알 수 있지. 그러고 보면 볼품없고 쓸모가 없다고 버려지거나 박물관 구석에 먼지를 뒤집어쓴 채 놓여 있는 우리 농기구야말로 가장 소중한 우리 겨레의 보물이 아닐까?

지금도 나이 많은 어른들은 예전에 쓰던 농기구를 보면 가슴이 뭉클해진다고 해. 농사지으면서 흘렸던 땀방울과 고생했던 기억, 수확했을 때의 기쁨들이 새록새록 되살아나기 때문이겠지.

이제부터 옛날에는 농부들이 어떤 농기구로 어떻게 농사짓고 살아왔는지 한번 살펴볼까? 조상들의 삶을 더 가까이 느낄 수 있고 정말 살아 있는 역사 공부도 할 수 있을 테니까.

농사 이야기

농사일은 정월에 거름을 내는 일부터 시작돼. 그 해 농사가 잘되고 못되고 하는 것은 거름을 어떻게 내는가에 달렸어.

남쪽 지방에서는 정월 초닷새까지 쉰 뒤, 보리밭에 나가 김도 매고 북도 치고 웃거름을 깔아 주는 일을 시작했어. 강원도에서는 정월 대보름날 새벽에 외양간 거름을 한 짐 져다가 논에 뿌렸는데 이렇게 해야 농사가 잘된다고 믿었지.

거름으로는 아궁이에서 나온 재거름도 좋지만 뒷간에서 퍼낸 똥오줌만 한 게 없어. 똥오줌을 얼마나 귀하게 여겼느냐 하면 남의 집 사랑에 앉았다가도 오줌이 마려우면 꾹 참았다가 자기 집에 돌아와서야 볼일을 보았대.

똥오줌은 똥바가지로 똥장군에 퍼 담아서 지게로 져 날랐어. 이집 저집 똥오줌을 푸는 날은 온 마을에 구린내가 진동했지만 어른들은 풍년 냄새라고 오히려 좋아했지.

먼 산에는 아직 눈이 남았지만 농부들은 봄이 가까이 온 걸 족집게처럼 알아. 양지 바른 마당에 농기구들을 꺼내 놓고 낫자루도 갈고 쟁기도 손보면서 농사지을 채비를 하는 거야. 장날이면 대장간은 보습과 괭이, 낫을 벼리려는 사람들로 발 디딜 틈 없이 붐볐어.

아이들은 얼음이 풀리고 눈이 녹는 것이 아쉽기만 해. 얼음 지치고 연 날리며 놀던 신 나던 철은 다 가고 이제부턴 어른들을 도와 일을 해야 하니까. 그렇게 아이들은 어깨너머로 농사일을 배우고 익히는 거야.

겨우내 외양간에 있던 소도 입춘이 지나면 두엄 밭에 내다 매서 봄 냄새를 맡게 하고, 땅이 녹으면 쟁기를 채워 논갈이도 할 거야. 올 한 해도 수고할 소를 위해 정성 들여 끓인 쇠죽을 두둑이 먹이고, 송아지티를 벗은 어린 소는 코뚜레를 꿰어 길을 들였어.

경칩이 지나면 양지바른 들녘에는 벌써 쑥이 돋아나. 여자아이들은 소쿠리를 들고 들로 나서지. 따스한 봄볕이 가득한 안마당엔 갓 깨어난 병아리들이 어미 닭 곁에서 종종종 걸음마 하며 놀고 있네. 좁은 어리 속에만 갇혀 있다가 넓은 세상에 나오니 마냥 신나고 또 신기한가 봐.

아직 꽃샘바람 끝이 매섭지만 소를 몰고 밭 갈러 나선 농부들의 얼굴에는 마냥 생기가 돌아. 이른 봄에 흙을 갈아엎어 주면 땅기운이 돋고 잡초가 나는 걸 막을 수 있어.

청명 무렵은 나무를 심고 가꾸기에 딱 좋아. 감나무 접을 붙이고 뽕나무도 새로 심어. 목화도 심고 여름에 거두어 먹는 올콩과 옥수수 씨도 이때 뿌려야 해.

텃밭은 할머니와 손자 몫이야. 할머니는 아욱이랑 무, 배추 씨도 뿌리고 밭에 모종도 옮겨 심어. 어린 손자도 곁에서 일손을 거들지.

못자리를 만들려면 우선 봇도랑을 치고 물꼬도 손본 다음, 보를 막아 봇도랑에 물이 넘치게 만들어. 맞두레나 무자위로 물을 퍼 올려 흙을 삶고 바닥을 고르게 손질한 다음 볍씨를 뿌려.

북쪽 지방에서 청명 무렵에 시작한 못자리 내기는 곡우 무렵이면 얼추 끝나. 농부들은 이른 새벽 눈뜨기가 바쁘게 못자리로 나가 아기 돌보듯 모를 돌봐.

못자리를 해 놓고 나면 밭일에 매달려야 해. 보리밭 김도 매 주고 고구마와 감자 심을 밭도 갈아야 해. 비가 오면 들깨랑 호박, 오이, 가지 모종들도 옮겨 심을 거야. 모종들마다 다 성질이 달라. 오이는 조심조심 뿌리를 다루어야 하고, 들깨는 대충 심어도 잘 살지. 고구마는 이른 봄 땅에 묻어 순을 내서 비 오는 날 그 순을 잘라 심고, 감자는 눈이 난 부분을 잘라서 심어.

망종은 논보리나 벼처럼 까끄라기가 있는 곡식의 씨를 뿌리는 때라는 뜻이야. 보리 타작을 하고, 콩도 심고 모내기도 해야 하는 이 무렵은 일 년 가운데 가장 바쁜 때지. 농부들은 긴긴 하루해도 모자라 이른 새벽부터 늦은 밤까지 들에서 일을 했어.

북쪽 지방은 벌써 모내기를 시작했지만, 지난해 겨울 보리와 밀을 심었던 남쪽 지방에서는 보리 베느라 한창 바빠.

농부들은 고운 흙을 날라다 타작마당을 다졌어. 이렇게 해야 마당이 고르고 돌부리에 도리깨가 부서질 염려 없이 타작을 할 수 있거든. 낫으로 벤 보리는 며칠 말린 뒤, 단으로 묶어서 옮겨. 보리 베기와 나르기를 할 때는 온 가족이 함께 했어.

보리가 누렇게 익어 갈 무렵 시작한 누에치기도 바쁜 몸을 붙잡아. 새벽같이 들에 나가 뽕잎을 가지째 베어 와서 먹이로 주었어.

보리타작이 끝난 논밭은 다시 쟁기로 갈아. 농부는 소에게 여물을 배불리 먹이고 나서, 어르고 달래며 쟁기를 채워 논을 갈았어. 물꼬를 터 물을 잡아 써레질을 하고, 번지와 나래로 흙을 삶아 논바닥을 반반하게 골랐지. 아낙네들은 새벽부터 못자리에서 모를 쪄 냈어. 그래야 넘어가는 해에 쫓기지 않고 넉넉하게 모내기를 할 수 있거든.

모내기는 이웃끼리 품앗이로 해. 여럿이 손을 맞추어 하면 일도 잘되고 고단함도 덜 수 있었어. 남자들이 못단을 져 나르고 못줄을 잡아 주면 아낙네들은 한 줄로 서서 못줄을 넘기며 모를 심었어.

모내는 날은 마치 잔칫날처럼 흥청댔어. 아이들은 새참거리를 마련하는 할머니 곁을 맴돌며 마냥 신이 났지. 모내기가 끝나면 다들 손과 발이 붓고 허리를 못 펼 만큼 고단했지만 풍년 꿈에 부풀어 그 고통을 이겨 냈어.

더위가 시작되면 논밭의 김을 매느라 허리 펼 날이 없어. 식구끼리도 하고 품앗이와 두레로도 하는데, 논은 네 번, 밭도 세 번은 매야 해. 땡볕에서 김매기를 하다 보면 숨이 턱턱 막혀. 백중 무렵 김매기를 다 끝내면 고생한 뒤풀이로 호미씻이를 했지.

어른 키보다 크게 자란 삼대는 베어다 삶은 다음, 도랑물에 불렸다가 껍질을 벗겨. 이것으로 실을 삼아 삼베를 짰어. 누에고치를 삶아 실을 잣는 일도 이때 했지.

추수 중에 가장 이른 것은 참깨야. 잘 여문 깨는 줄기째 베어 내 단으로 묶어 말려. 며칠이 지나면 깻송이에서 타다닥타다닥 깨알이 저절로 튀어 나오기 시작해. 이때 깻단을 탁탁 털면 고소한 냄새가 사방에 퍼지면서 하얀 깨알이 우수수 떨어지는데 정말 재미있지.

깨를 거둔 빈 밭에는 김장할 무와 배추를 심을 거야.

김매기가 끝나 조금 한가해지면 거름으로 쓸 풀을 베어다가 똥오줌과 거름통에 담아 온 재를 층층이 부어 거름으로 삭혔어. 거름 더미가 산더미만 해질수록 농부는 마음이 흐뭇해지지.

처서가 지나면 벌써 벼 이삭이 패기 시작해. 논마다 허수아비들이 활갯짓을 하며 서 있고 아이들도 새 쫓기에 바빠.

벼와 비슷하게 생긴 피는 농부들이 가장 싫어하는 풀이야. 몇 번이고 가려 뽑아내지만 그래도 남아. 이삭으로 확실하게 생김새를 구별할 수 있을 때가 되면 이삭째 잘라 내서 씨앗이 논바닥에 퍼지지 않게 했어.

한가위가 가까워 오면 누렇게 벼가 익어 가기 시작해. 농부들은 봄부터 땀 흘려 가꾼 곡식이 영글어 가는 들을 보면 먹지 않아도 배가 불렀어.

벼를 베어 거두고 알곡을 떨어내는 일은 손도 많이 가고 힘이 들어. 어른 한 사람이 하루에 겨우 한 마지기밖에 벨 수 없으니 온 식구가 달려들어 벼 베기를 했지. 베어 낸 벼는 제자리에서 말리거나 볏단으로 묶어 집으로 가져다 말렸어. 지게와 달구지로 볏단을 옮길 때는 아이들도 엿판만 한 볏짐을 져 날랐지.

쌀 한 톨도 아까운 농부들은 벼를 거두어들인 다음에는 반드시 떨어진 이삭을 주웠어. 이삭줍기는 아이들도 했어. 온종일 주워 봤자 몇 줌 되지도 않는 것을 줍게 한 부모님이 미워서 입이 댓 발이나 나왔지. 하지만 어른들은 일부러라도 그 일을 시켰어. 그래야 곡식 소중한 걸 알게 된다고 말이야.

타작일은 힘들지만 알곡 떨어지는 소리는 여름날 김매느라 고생한 것을 까맣게 잊게 할 만큼 신명이 나지. 아이들도 짚단 위에서 뒹굴 수 있으니까 마냥 신이 났고.

“눈만큼 게으른 것이 없고 손만큼 부지런한 것도 없다.”는 옛말이 있어. 부지런한 농부의 손은 끝이 안 보일 만큼 온 들에 가득하던 벼를 며칠 새 다 거두어들였어. 들녘은 어느새 까까중머리처럼 휀하게 비었네.

타작한 벼는 멍석에다 잘 말린 뒤, 섬에 담아 두거나 따로 나락뒤주나 곳간에다 갈무리해. 일 년 동안 식구가 먹을 만큼의 양과 내다 팔 수 있을 곡식의 양을 잘 가늠해서 장에 내다 팔고, 남은 곡식은 곳간에 따로따로 잘 두었지. 한 해를 넘겨 묵힌 곡식은 맛이 없어 제값을 못 받거든. 양식도 헤프게 쓰다 보면 모자랄 수도 있고.

벼를 갈무리한 것으로 추수가 끝난 건 아니야. 콩, 팥, 수수, 고구마를 거두어들이고 겨우내 먹을 반찬거리도 썰어 말리느라 바쁜데, 아이들은 감나무에서 다디단 홍시를 따 먹느라 해가 지는 줄도 몰랐어.

가을걷이가 끝나 여유롭던 마음도 잠시 접어 두고 다시 들로 나서. 보리와 밀을 갈아야 하거든. 날씨가 점점 차가워지니 소를 부려 골을 타는 농부도 마음이 바빠. 땅이 얼기 전에 새싹이 나서 어느 정도 자라야만 이듬해 풍성한 수확을 얻을 수 있으니까.

더 추워지기 전에 새 짚으로 이엉을 엮어 울타리랑 지붕을 이고 김치 광도 만들어.

한쪽에서는 김장을 하느라 모두들 바빠. 고춧가루 빻고 마늘 까고 무, 배추도 다듬고 잠시도 허리 펼 짬이 없어. 그래도 아낙네들은 온 식구가 겨우내 맛있게 먹을 걸 생각하면 마냥 흐뭇해.

높은 산에 눈이 내리고 살얼음이 얼기 시작하면 농부들은 서둘러 땔나무를 해다 날랐어. 겨우내 밥도 짓고 쇠여물도 끓이고 군불도 지펴야 하니까 여남은 살 된 사내아이까지도 아기지게를 지고 나무하는 데 따라나섰지.

보리갈이와 김장을 하고 나면 겨우살이 준비는 얼추 다했어. 고되고 힘들었던 한 해 농사도 이제 끝이 난 거야.

곡식이 가득 찬 곳간을 보면 먹지 않아도 배가 부르고, 담벼락보다도 더 높이 쌓인 장작더미를 바라보면 다가올 엄동설한이 하나도 두렵지 않아.

섣달은 한 해 가운데 살림도 여가도 모처럼 넉넉한 때이기도 하지. 그래서 바쁜 농사일로 미루어 왔던 자식들의 혼례를 이 무렵에 많이 올려 주었대.

이웃끼리 사랑방에 모여서 새끼도 꼬고 가마니도 쳤어. 솜씨 있는 이는 망태나 멱둥구미 같은 살림살이도 만들었지. 정말 짚으로 만들 수 있는 것이 얼마나 많은지 몰라.

아낙네들은 목화솜에서 실을 자아 무명베를 짰어. 설날이 가까워 오면 그 베를 곱게 물들여 밤새워 아이들의 설빔을 지었어. 긴긴 겨울밤은 그래서 더 넉넉하고 따뜻했지.

농사 채비

거름대
쇠스랑
삼태기
장군
거름지게와 거름통
똥바가지
귀때동이
새갓통
숫돌
작두
구유
쇠죽바가지
코뚜레
부리망
워낭
쇠신
어리
둥우리

농사일은 거름 내는 일부터 시작돼. 한 해 농사는 정월에 거름을 어떻게 내는가에 달렸어.

거름대

거름대는 외양간에서 거름을 쳐낼 때 쇠스랑과 함께 쓰는 도구야. 쇠스랑으로 쇠똥이나 두엄을 파낸 다음, 널어 말리고 뒤집고 지게에 얹는 일은 거름대로 했지. 고장에 따라 '거릿대', '뜰장' 이라고 달리 불러.

거름대는 가지가 셋이나 넷으로 갈라진 나무를 다듬어서 만들어. 갈라진 쪽을 날로 삼고 하나로 된 가지를 자루로 삼았지. 거름대는 날이 위로 약간 들려 있어야 거름 뜨기에 좋아. 그래서 나무로 날을 만들 때는 가지 끝 쪽을 날카롭게 다듬은 다음, 불에 구워 구부렸어. 한 번에 구부리면 부러질 수도 있으니까 천천히 힘을 주면서 지그시 눌러야 하지.

나무 거름대는 가벼워서 들고 다니면서 쓰기는 좋지만, 무거운 것을 들어 올리거나 딱딱한 땅이나 돌에 부딪히면 잘 부러지는 게 흠이었어. 그래서 젖은 거름을 다룰 때는 잘 쓰지 않고, 논밭에 내려고 말리는 거름을 뒤집거나 지게에 얹을 때 많이 썼대.

나무 자루 끝에 쇠 날을 끼워서 만든 쇠 거름대가 나오면서 나무 거름대는 차츰 사라졌지. 나무 날보다는 쇠 날이 날카롭고 단단해서 거름을 쉽게 뜰 수 있고 부러지는 일도 드물기 때문이야. 요즘에도 시골에 가면 쇠 거름대를 볼 수 있어. 서양의 포크를 닮았다고 '호쿠' 라고도 하고 발이 세 개 달렸다고 '삼지창' 이라고도 한대.

거름은 외양간이나 돼지우리에서 쳐낸 두엄뿐만 아니라 뒷간에 모아 둔 똥오줌, 아궁이에서 나온 재, 썩은 풀, 볏짚, 나뭇잎, 깻묵, 쌀겨까지 썩는 것은 모두 섞어서 만들어. 씨를 뿌리거나 모종하기 전에 주는 거름은 밑거름, 씨앗을 뿌린 뒤나 모종을 옮겨 심은 뒤에 주는 거름은 웃거름이라고 해. 예로부터 "한 사발의 밥은 남에게 주어도 한 삼태기의 거름은 주지 않는다." 는 말이 있을 정도로 우리 조상들은 거름을 귀하게 여겼어.

쇠스랑

쇠스랑은 밭을 일구거나 두엄을 쳐낼 때 쓰는 농기구야. 고장에 따라 '소시랑', '소스랭이', '철탑' 이라고 부르기도 해.

날이 길고 날카로운 쇠스랑으로 밭에서 흙을 파면 흙덩이가 잘게 부서져서 보슬보슬해. 뾰족한 쇠 날이 여럿이다 보니 같은 시간과 힘을 들이고도 괭이보다 곱절이나 넓은 땅을 팔 수 있지. 특히 상추나 아욱 같은 채소를 심을 때는 꼭 쇠스랑으로 땅을 일궈서 여린 싹이 흙을 잘 뚫고 나올 수 있도록 했어. 물을 대 놓은 무논을 고를 때도 쇠스랑은 맞춤한 농기구였지. 갈퀴처럼 생긴 날은 통으로 된 날보다 젖은 흙을 다룰 때 흙이 덜 달라붙어서 일하기가 훨씬 수월해.

무엇보다 쇠스랑이 쓸모 있을 때는 외양간이나 돼지우리에 쌓인 두엄을 쳐낼 때였어. 집짐승들이 똥오줌과 짚, 검불을 발로 밟고 지내는 동안 단단하게 다져진 두엄 더미는 괭이나 삽 같은 걸로는 꿈쩍도 하지 않거든. 날카로운 쇠스랑 날로 한 꺼풀씩 살살 걷어 끌어내야 하지. 그걸 모르는 사람들은 처음부터 있는 힘껏 내리찍다가 힘만 빼기 일쑤야.

강원도에는 약초 캘 때 쓰는 호미만 한 쇠스랑이 있어. 땅을 깊이 팔 수 있으면서도 날 사이에 틈이 있어 뿌리가 다치지 않아. 우리나라 한옥을 지을 때도 쇠스랑을 썼어. 벽에 바를 황토와 짚을 이기는 데는 무엇보다 쇠스랑이 최고였거든.

이처럼 쇠스랑은 쓸모가 많은 농기구야. 하지만 날이 날카롭기 때문에 사람 발에 밟히는 일이 없도록 날을 벽 쪽으로 돌려 세워서 잘 간수해야 해.

옛날 사람들은 잘 때 문 앞에 쇠스랑을 거꾸로 세워 두어서 밤새 도둑이 드는 것을 막았대. 도둑이 쇠스랑 날을 밟으면 발을 찔리는 것은 물론 자루에 얼굴을 맞을 테니까 말이야.

삼태기

삼태기는 곡식이나 거름, 쓰레기, 흙 들을 담아 나르는 도구야. 바깥쪽은 넓게 벌어지고 안쪽은 오긋하게 들어가서 쓸어 담기에 좋은 것이 꼭 쓰레받기와 닮았지. 고장에 따라 '삼태미', '거름 소쿠리' 라고도 불렀어.

삼태기에는 ㄷ 자 꼴로 구부린 나무틀에 새끼줄을 엮어 만든 짚 삼태기와, 싸리 줄기로 성글게 엮어 만든 싸리 삼태기가 있어. 짚 삼태기는 재를 담아 나르거나 거름과 재를 섞은 두엄을 밭으로 옮길 때 썼지. 싸리 삼태기보다 훨씬 촘촘해서 곡식을 담아 옮기거나 씨앗을 담은 채 허리에 끼고 논밭에 뿌리기도 좋아. 짚 삼태기 가운데 앞이 트이지 않고 막힌 것도 있는데, 이런 것은 거름을 내는 데는 적당하지 않아서 곡식을 담는 데 많이 썼어.

싸리 삼태기는 짚 삼태기와 생김새나 쓰임새가 많이 달라서 '발소쿠리' 나 '어랭이' 라고 따로 이름을 지어 불렀어. 가볍고 바닥이 성글어서 돌을 주워 담거나 거친 두엄을 담는 데 알맞았지. 흙이 자연스럽게 빠져나가니까 감자와 고구마를 캐 담기에도 좋았어. 짚을 담아 나르기도 좋아서 한 해에 한두 번 짚과 황토를 버무려 흙일을 할 때도 꼭 필요한 도구야. 짚 삼태기보다 물에 강하고 잘 썩지 않아서 더러워지면 물로 깨끗하게 씻은 다음 말려 썼지.

멜빵을 달아 어깨에 메고 다니는 작은 삼태기는 '개똥삼태기' 라고 해. 길에서 거름이 될 만한 개똥이나 쇠똥을 호미로 긁어 담았거든. 부지런한 농부들은 새벽부터 일어나 개똥삼태기와 호미를 들고 길에 있는 개똥이나 쇠똥을 모아 거름으로 썼어. 제주도에서는 삼태기를 '갈체' 라고 하는데, 다른 지방의 삼태기와는 달리 구멍을 내어 손잡이로 쓰지.

장군

장군은 오줌이나 똥을 담아 옮길 때 쓰는 그릇이야. 모아 둔 똥오줌을 집에서 떨어진 논밭으로 내갈 때 장군에 담아 지게로 져 날랐지. 먼 곳으로 많이 옮길 때는 달구지에 실어 나르기도 했어. 장군을 옮길 때는 거름물이 흐르지 않도록 주둥이에 짚을 우겨 박거나 짚으로 마개를 짜서 썼대. 담는 것에 따라 '오줌장군', '똥장군'으로 나누어 부르기도 하고, 고장에 따라 '오줌 추마리'나 '밀통'이라고도 불렀지.

장군은 진흙으로 구워 만든 오지장군과 나무로 만든 나무장군이 있어. 생김새에 따라 눕혀 놓고 쓰는 것과 세워 놓고 쓰는 것이 있지. 오지장군 가운데 세워 놓고 쓰는 것은 마치 독처럼 생겼어. 주둥이가 좁고 배는 봉긋하면서 양쪽에 손잡이가 있지. 그래서 손잡이를 잡고 통째로 들어서 거름을 부어야 해. 하지만 눕혀 놓고 쓰는 오지장군은 주둥이가 배 가운데에 있어서 일으켜 세우기만 하면 거름이 반쯤은 자연스레 쏟아져 나와서 편했어.

나무장군도 세워 놓고 쓰는 것과 눕혀 놓고 쓰는 것이 있어. 양쪽에 동그란 널빤지를 두고 좁고 길게 켠 나무쪽을 여러 장 잇대어 둥글게 짜 맞춘 다음, 대나무나 소나무 뿌리를 쪼개 만든 끈으로 둘레를 단단히 돌려 매어 만들어. 오지장군처럼 세워 놓고 쓰는 것은 주둥이가 위쪽에 있고, 눕혀 놓고 쓰는 것은 통 가운데에 있지. 주둥이 길이는 짧은 것이 많았지만 거름을 부을 때 갑자기 쏟아져 나오거나 통 거죽을 적시지 않게 일부러 길게 만든 것도 있었어.

오지장군은 깨지기 쉽기 때문에 조심해서 다루어야 해. 나무장군은 가볍고 잘 깨지지 않는 대신 해마다 손을 봐서 써야 하지. 안 그러면 테두리가 헐거워지거나 벗겨질 수 있거든. 혹시나 모르고 그런 장군을 졌다가는 거름물이 새어 나와 그야말로 똥물 칠갑을 하게 되지.

오지장군

나무장군

거름지게와 거름통

거름지게는 거름을 담은 거름통을 나를 때 썼던 지게야. 마른거름보다는 똥오줌처럼 물이 많은 거름을 옮길 때 흔히 썼어. 지게보다 지겟가지가 짧고, 지겟다리도 거의 없게 만들었어. 대신 등받이에다가 가로로 한 발쯤 되는 기다란 널빤지를 걸쳐. 널빤지 양 끝에 새끼줄을 늘어뜨리고 끝 쪽에 갈고리를 달았는데, 여기에 거름통을 걸고 들 수 있도록 했어.

거름을 지게로 져 나르는 건 쉬운 일이 아니야. 거름이 가득 든 무거운 장군을 지게에 얹는 것도 그렇지만, 얹고 난 뒤에 지게를 일으켜 세우는 것도 여간 힘든 일이 아니었어. 혹시나 거름이 새기라도 하면 옷을 버리기 십상이었지. 그런데 거름지게를 만들어 쓰면서부터는 거름을 나르는 일이 훨씬 쉬워졌어. 지게를 진 채 거름통에 갈고리만 살짝 걸면 곧바로 들 수 있거든. 게다가 거름통이 몸에서 멀찍이 떨어져 있어서 옷을 버릴 걱정도 덜 수 있었지.

거름통은 거름을 담는 그릇이야. 바늘에 실 가듯 거름지게와 한 짝을 이루어 썼지. '오줌통', '나무똥통', '질통' 이라고도 해. 물기 있는 거름뿐만 아니라 재거름을 나를 때도 썼어. 통 속이 깊다 보니 재를 담아도 바람을 적게 타고, 손에 들고 거름을 뿌리기도 편했거든.

흔히 나무장군을 만들 때처럼 나무쪽을 둥글게 맞춘 다음, 대오리나 소나무 뿌리, 칡덩굴로 단단하게 둘러 묶었어. 고장마다 생김새가 조금씩 다르기도 했어. 충청도에서는 쳇바퀴처럼 통나무를 얇게 켜서 통을 만들고, 강원도에서는 널빤지를 이어 붙여 궤짝처럼 만들었지. 전라도 섬 지방에서는 통 위쪽에 둥글고 긴 나뭇가지를 가로 대어 손잡이로 쓰기도 했는데, 아낙네들은 거름통을 거름지게로 지는 대신 머리에 이고 다니기도 했대.

똥바가지

'뒷간', '통시' 가 무슨 말인지 아니? 옛날부터 볼일 보는 곳을 이르던 말이야. 농사에 중요한 거름인 똥오줌을 모아 두는 곳이기도 하지. 마당 앞쪽으로는 드나드는 문을 내고 길 쪽이나 마당 뒤쪽으로는 똥통이 찼을 때 퍼내는 곳을 두었어. 이곳은 집에서 키우는 강아지나 닭이 빠지기도 하기 때문에 늘 널빤지나 거적으로 된 덮개를 덮어 놓았지.

똥바가지는 똥통에 모은 똥오줌을 퍼내는 데 없어서는 안 될 도구야. 흔히 똥통으로 큰 항아리를 땅에 묻고 썼는데, 그 깊이가 사람 키만 한 것도 있어서 밑바닥까지 퍼내려면 자루가 긴 똥바가지가 필요했지. 똥바가지는 한 되들이 크기였어. 그보다 크면 입이 넓지 않은 똥장군이나 거름통에 거름을 옮겨 담기가 나빴으니까.

흔히 똥바가지는 가벼운 박 바가지로 만들었는데, 쇠죽바가지처럼 통나무 속을 파내서 만들기도 했어. 강원도에서는 널빤지로 아래는 좁고 위는 넓은 나무 그릇을 짜서 똥바가지로 쓰기도 했지. 6·25 전쟁이 끝난 뒤에는 못 쓰는 철모를 긴 막대기에 매달아 똥바가지로 쓰기도 했대.

똥통에 차곡차곡 모인 똥오줌은 똥바가지로 퍼내 두엄 더미에 켜켜이 뿌려 두었지. 그러면 두엄이 잘 삭아서 질 좋은 거름이 되었어. 그것을 장군이나 거름통에 담아 그대로 밭에 뿌리기도 했지만 들에 파 놓은 구덩이에 넣고 더 삭혀서 쓸 때가 많았어. 그러면 똥통이 다 차도록 두지 않고 그때그때 퍼낼 수 있어서 냄새도 덜 나고 덜 지저분해서 좋았거든.

흔히 국자 모양으로 알고 있는 북두칠성을 경상도에서는 '똥바가지' 라고 부르기도 한대. 전혀 다른 것을 담는 국자와 똥바가지지만 생김새가 닮기는 했지?

귀때동이

귀때동이는 오줌 같이 물기가 많은 거름을 논밭에 내거나 두엄 더미에 갖다 부을 때 쓰는 커다란 그릇이야. 물동이와 비슷하게 생긴 데다가, 거름을 쏟기 좋게 한 쪽에 귀때를 붙여서 귀때동이란 이름이 된 거지. 흙을 빚어 만든 오지 귀때동이는 무겁고 깨지기 쉽지만 조심해서 쓰면 거름도 새지 않고 오래가서 흔히 썼어.

힘 좋은 남자들은 무거운 거름을 집에서 멀리 떨어진 밭까지 장군이나 거름통에 담아 지게로 져 날랐어. 밭으로 내간 거름은 귀때동이에 옮겨 담아 두엄더미에 갖다 붓거나, 밭모퉁이에 있는 똥통에서 잘 삭힌 다음 귀때동이에 퍼 담아 새갓통으로 조금씩 떠서 밭 여기저기에 골고루 뿌렸지.

아낙네들은 아예 집에서부터 귀때동이를 머리에 이고 밭으로 거름을 내갔어. 옛날에는 밭이나 논으로 가는 길이 좁고 비탈진 데다 돌부리와 나무뿌리들이 드러나 있어 다니기 여간 험하지 않았어. 맨몸으로 가도 한두 번은 넘어지기 십상이야. 그런데 아낙네들은 거름을 가득 채운 무거운 귀때동이를 머리에 이고도 오줌 한 방울 흘리지 않고 잘만 다녔어. 새벽부터 물동이를 이고서 물을 길어 오고, 밥함지를 비롯해 나뭇단, 벼, 보리 같은 곡식들을 머리에 이고 나르다 보니 그쯤이야 식은 죽 먹기였지.

나무로 귀때동이를 만들어 쓰기도 했어. 나무쪽을 둥글게 이어 거름통처럼 만든 다음 귀때를 붙이고 통 위쪽에 나뭇가지로 손잡이를 달았어. 가지의 벌어진 부분을 귀때 쪽으로 해서 주전자로 물을 따르듯이 거름을 쉽게 쏟아 부을 수 있게 했지.

귀때동이는 고장에 따라 '구대동우', '구뎅이' 라고도 불렀어. 오줌을 '소매' 라고 하는 전라도 지방에서는 나무 귀때동이를 '소매구뎅이' 라고 부르기도 했지. 지금은 오지로 만든 것은 귀때동이, 나무로 만든 것은 소매구덩이라고 따로 불러.

귀때동이

소매구덩이

새갓통

장군이나 거름지게를 써서 밭으로 내온 똥오줌은 독한 성질이 있어서 바로 밭에 뿌릴 수 없어. 밭모퉁이에 구덩이를 파 부어 둔 다음 삭혀서 써야 하지. 오줌은 따로 모아서 삭힌 다음 농작물과 조금 떨어진 곳에 부어 주고, 똥은 물을 섞어 가며 자주 저어서 독한 것을 삭힌 다음 농작물에 붓는 거야. 이렇게 묽은 거름을 떠서 밭에 뿌릴 때 쓰는 바가지를 새갓통이라고 해.

새갓통은 통나무 속을 파서 바가지 모양으로 다듬거나 박을 반으로 타서 만들었어. 나무를 깎아 만들 때는 아가리 한쪽에 귀때를 파서 거름이 잘 쏟아질 수 있도록 했지. 나무바가지나 박 바가지나 위쪽에 나뭇가지를 달아 손잡이로 쓰는 것은 마찬가지야. 손잡이가 따로 있어야 거름을 손에 묻히지 않고 깔끔하게 따를 수 있거든. 그 밖에 오지로 된 것도 있고 널빤지를 붙여 작은 동이처럼 만든 것도 있어.

새갓통에 긴 자루를 달면 똥바가지와 비슷해. 하지만 새갓통은 똥바가지보다 큰 데다 쓰임새도 조금 달라. 똥바가지는 집 안의 똥통에 담긴 똥오줌을 퍼내 장군이나 거름통에 담는 데 쓰고, 새갓통은 밭으로 내온 거름을 뿌리는 데 많이 쓰거든.

나무 귀때동이와는 형과 아우처럼 닮았어. 다만 귀때동이보다 새갓통이 절반 정도로 작아. 그러니까 귀때동이는 커서 똥오줌을 옮기는 데 많이 썼고, 새갓통은 작아서 옮겨 온 똥오줌을 덜어 조금씩 뿌리는 데 썼던 거야.

예전에는 집집마다 뒷간 처마 밑에 새갓통과 함께 장군, 귀때동이, 똥바가지 같은 것들이 나란히 놓여 있었어. 거름을 담고 나르는 도구가 여러 가지인 것만 보아도 우리 조상들이 거름을 얼마나 중요하게 여겼는지를 알 수 있지. 많은 사람들이 하찮고 더럽게 여기는 똥오줌을 생명이 자라는 거름으로 바꾸어 썼던 지혜는 우리가 본받을 만해.

봄이 가까워 오면 농부들은 양지바른 마당에 농기구들을 꺼내 놓고 농사 채비를 해.

숫돌

숫돌은 칼이나 낫처럼 쓰면서 날이 무뎌지고 이가 빠지는 도구의 날을 가는 돌이야. 숫돌로 쓰는 돌은 겉이 매끌매끌하면서 물을 잘 먹는 돌이라야 좋아. 맞춤한 돌을 주워서 쓰기도 했지만 흔히 사서들 썼지. 숫돌로 쓰는 돌은 나는 곳이 따로 있어서 장사치들이 구해다가 장을 돌면서 팔았거든.

숫돌은 우물가나 수챗구멍 옆에 두고 썼어. 숫돌에 낫이나 칼을 갈 때 계속 물을 끼얹어 주어야 잘 갈리니까 물을 쓰기 편한 곳에 두었던 거야.

날을 갈 때는 날을 숫돌과 거의 나란히 눕혀서 갈아야 날이 잘 서고 오래 쓸 수 있어. 숫돌에서 날을 수직으로 세우면 날이 뭉툭해지고 금방 무뎌져서 못 쓰게 되지. 그리고 낫은 당기면서 갈고 칼은 밀면서 갈아. 그래야 날이 잘 서고 가는 사람도 다치지 않거든.

옛날에는 아무리 단단한 숫돌이라 해도 몇 년 못 가서 닳아 없어지곤 했어. 곡식이며 풀이며 땔나무까지 낫으로 베다 보니 하루가 멀다 하고 무뎌진 날을 갈아야 했기 때문이야. 그래서 어른들은 아이들이 날을 갈 때 숫돌 바닥을 고루 쓰지 않고 한가운데로만 갈면 야단을 쳤어. 가운데로만 갈아서 숫돌이 움푹 파이면 날이 고루 갈리지 않아 얼마 쓰지도 못하고 버리게 되니까 말이야.

농부한테 좋은 숫돌은 자랑거리이자 애지중지하는 농기구였어. 잘 갈린 낫으로 일을 하면 훨씬 수월하니까 다들 좋은 숫돌을 가지려고 했던 거야.

아무리 좋은 숫돌이라도 숫돌 집이 있어야 제 몫을 해. 숫돌 집은 숫돌이 움직이지 않도록 받쳐 주는 받침이야. 산에서 가지가 두 갈래로 튼튼하게 뻗은 소나무를 구하는 것이 좋지만 마땅치 않으면 통나무를 비슷하게 깎아서 만들어. 숫돌 집에 숫돌을 얹고 쓰면 날을 갈 때 돌이 이리저리 놀지 않아 슬근슬근 잘 갈 수 있어.

작두

작두는 집짐승한테 먹일 짚이나 풀을 잘게 써는 도마가 달린 칼이야. 예전에는 시골에 사는 아이치고 작두질 한번 해 보지 않은 아이가 없었어. 아침마다 아버지가 지게에 한 짐 가득 쇠꼴을 베어 오면, 아이가 꼴을 썰고 아버지는 그것을 소한테 먹였지. 아버지가 해 온 풀은 그대로 먹이기엔 너무 긴 데다 헤프기도 했으니까. 소가 없어서 여물 썰 일이 없는 집에서도 작두는 필요했어. 밭에 뿌릴 거름을 만들 때도 작두로 잘게 썬 풀을 넣어야 했거든.

작두에는 손작두와 발작두가 있어. 손작두는 다시 두 가지로 나뉘는데, 흔히 쓰는 것은 칼날이 도마를 보고 있는 작두야. 널빤지 도마 가운데 칼날이 드나드는 골이 파여 있어 손잡이를 손으로 잡고 칼날을 내리누르면 풀이 싹둑 썰리지. 칼날이 하늘을 보고 누운 손작두는 칼날을 덮는 틀을 손으로 내리눌러서 여물을 썰어. 손작두는 발작두에 비해 크기가 작아 들고 다니기는 편하지만, 손힘을 쓰다 보니 많은 양을 한 번에 썰기는 어려워.

발작두는 발로 밟아서 써는 작두인데, 크기가 손작두보다 훨씬 커. 끝이 두 갈래로 갈라진 통나무 도마에 넓적한 칼날 앞쪽이 고정되어 있고, 칼날 끝 쪽에는 나무나 쇠로 만든 발판이 달려 있지. 풀을 써는 사람이 작두 높이만 한 발판을 작두 옆에 놓고 올라가서 손잡이나 고리에 맨 줄을 당기면 칼날이 위로 쓰윽 들려. 다른 사람이 도마 위에 풀을 놓아 먹이면 써는 사람은 줄을 살짝 놓으면서 칼에 달린 발판을 한 발로 누르는 거야. 발에 몸무게를 실어서 칼을 밟기 때문에 힘도 덜 들고 한꺼번에 많은 양을 먹여도 썩썩 잘 썰려서 좋아. 하지만 그만큼 조심해서 다루어야 해. 밟는 사람이 너무 빨리 밟으면 풀을 먹이는 사람 손가락이 다칠 수 있고, 밟는 사람도 발판에서 발을 헛디디면 칼날에 발을 다칠 수 있기 때문이야.

손작두

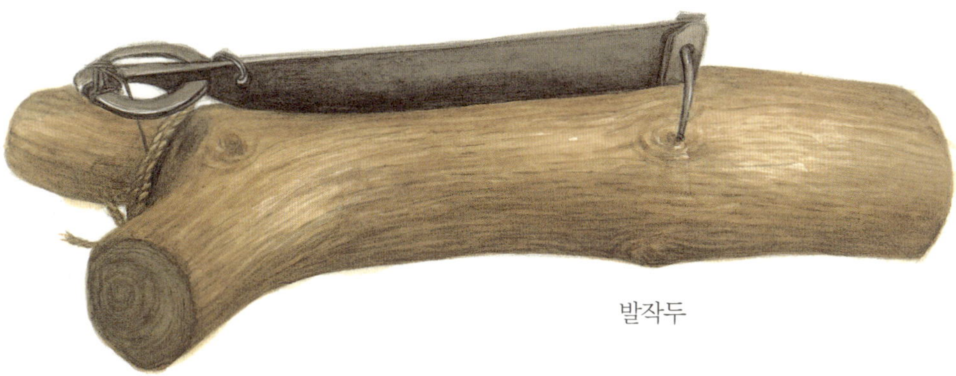

발작두

구유

구유는 소, 말, 돼지 같은 집짐승한테 먹이를 담아 주는 그릇이야. 고장에 따라 '소죽통', '여물통', '구시', '귀영' 이라고도 해.

흔히 굵은 통나무를 우묵하게 파서 만들었어. 단단한 통나무를 파기는 여간 힘들지 않았지만 튼튼해서 소가 밟거나 떠받아도 잘 부서지지 않아 많이 썼지. 통나무를 구하기 어려운 곳에서는 두꺼운 널빤지로 네모지게 만들기도 했어. 드물기는 하지만 돌을 움푹하게 깎아 만든 것도 있었지.

소는 한 우리에 여러 마리가 같이 있어도 저마다 다른 구유에 먹이를 주었어. 긴 구유를 쓸 때는 칸을 나누어 한 칸씩 쓰게 했지. 소들이 한 구유를 쓰다 보면 여물을 차지하려고 서로 싸우기도 하고 고삐가 엉켜 큰일이 날 수도 있거든. 소는 자기 새끼라도 여물을 넘보면 떠받아 버릴 만큼 먹이에 욕심이 많은 짐승이야. 하지만 돼지는 여러 마리가 있는 우리에 구유를 하나씩만 두어도 괜찮았대. 우리는 흔히 돼지를 두고 먹을 것을 밝히는 욕심쟁이로 알고 있지만 사실은 그렇지 않은가 봐. 또 의외로 깨끗한 짐승이래.

우리 안에 구유를 두면 가축이 구유를 엎어 버려서 여간 골치 아픈 게 아니었어. 네 귀퉁이에 말뚝을 박아 단단하게 고정해 놓아도 얼마 못 가서 뒤집혀 여기저기 굴러다니기 예사였지. 뒤에 시멘트가 나오면서부터는 무겁고 단단한 구유를 만들어서 그런 불편을 덜 수 있었어.

옛날에는 소도 한식구처럼 소중하게 대접했어. 거친 여물은 먹기 좋으라고 잘게 썰어 주고, 추운 겨울철에는 가마솥에 쇠죽을 끓이고 물도 꼭 따뜻하게 데워 주었지. 구유에 담아 준 여물이 그대로 있거나 얼마 먹지 않았으면 소가 아픈 것은 아닌지 자식처럼 걱정을 했어. 한집에 살면서 매일 같이 일하다 보니 정도 들고 아끼는 마음이 생겼던 거야.

쇠죽바가지

쇠죽바가지는 쇠여물을 풀 때 쓰는 나무바가지야. 고장에 따라 '쇠물박', '여물바가지', '소쭉배기' 라고도 해. 어떤 고장에서는 자라 등처럼 생겼다고 해서 '자라바가지' 라고도 부른대.

요즘에 쓰는 플라스틱 바가지가 나오기 전에 우리나라 사람들은 어떤 바가지를 썼을까? 옛날에는 잘 익은 박을 반으로 자른 다음, 속을 파내고 삶아 말린 박 바가지를 가장 많이 썼어. 만들기도 쉽고 가볍거든. 물푸레나무나 소나무 속을 파낸 나무바가지도 만들어 썼지.

쇠죽바가지는 나무로 만들었어. 박 바가지는 잘 깨져서 여물을 퍼서 먹이는 일에는 맞지 않으니까 말이야. 뜨거운 여물을 다루기 때문에 손잡이가 길게 달려 있어. 크기도 여러 가지라 2~3리터를 담을 수 있을 만큼 큰 것도 있지.

농사일에도 쇠죽바가지가 많이 쓰여. 쇠죽 찌꺼기가 묻어 지저분해도 쓱쓱 짚으로 비벼서 곡식을 가마니에 담는 데 쓰기도 하고 양을 재는 도구로 쓰기도 해. 요즘도 시골에 가 보면 쇠죽바가지를 심심찮게 볼 수가 있어. 플라스틱 바가지가 널리 퍼지기는 했지만 불에 약하고 잘 깨지기 때문에 나무로 만든 쇠죽바가지만 못하지. 일하는 소가 많이 없어져서 여물을 끓일 일이 없어도, 허드렛일을 하다 보면 꼭 쇠죽바가지를 쓸 일이 있는 거야. 쓰다 보면 불에 그슬리기도 하고 틈이 조금 벌어지기도 하지만 못 쓴다고 버려지는 일은 거의 없어. 세월이 흐른 지금까지 오래오래 사랑받고 있는 물건이지.

쇠죽바가지와 함께 쇠죽 쇠스랑을 쓰기도 해. '손 쇠스랑' 이라고도 하는데, 크기가 호미만 하고 나무 손잡이에 날카로운 쇠 발이 세 개 달려 있어. 가마솥에 끓인 쇠죽을 덜어 쇠죽바가지에 담거나 흩어진 여물을 긁어모을 때 두루 썼지.

코뚜레

코뚜레는 소 콧구멍 사이를 꿰뚫어 끼우는 나무 고리야. 소가 어느 정도 자라면 힘이 세어져서 사람이 마음대로 부리기가 힘들기 때문에 코뚜레를 끼우고 고삐를 매어 길들이기 좋게 했어. 옛날에는 소 키우는 집 외양간 기둥에 코뚜레가 서너 개씩 걸려 있는 것을 흔히 볼 수 있었지.

코뚜레는 잘 휘어지면서도 질기고 물이 닿아도 썩지 않는 나무로 만들어. 어른 새끼손가락 굵기의 노간주나무나 물푸레나무 가지를 많이 써. 불에 구워서 둥글게 휘어잡은 다음, 끝을 모아 짚으로 묶어 서늘한 곳에서 말리지.

송아지가 젖 뗄 무렵이 되면 목에 줄을 묶어 고삐를 만들어야 해. 안 그러면 외양간을 뛰쳐나와 장독을 깨거나 아무 논밭에나 들어가 쑥대밭으로 만들어 버리거든. 아무리 버둥거리는 송아지라도 고삐를 매어서 묶어 놓고 한 며칠만 지나면 고분고분해지지. 송아지티를 훌쩍 벗은 소한테는 곧바로 코뚜레를 해 주어야 해. 불쌍하다고 미루다 보면 코뚜레를 끼울 때 더욱 힘들어지고, 그렇다고 너무 서둘러 코뚜레를 하면 소가 잘 크지 않고 힘도 못 쓰게 되니까 때를 놓치지 않는 게 좋아.

코뚜레를 끼우는 일은 아무나 못해. 소가 아프다고 날뛰어서 잘못하면 코뚜레가 삐딱하게 끼워지기 때문에 소를 잘 다루는 사람이 해야 하지. 흔히 마을마다 한 명씩은 코뚜레를 잘 끼우는 이가 있어서 그 사람이 온 동네 코뚜레를 다 끼웠어. 주인은 코뚜레를 하고 난 소 콧구멍에 소금을 뿌려 피를 멎게 하고 맛있는 여물을 주어 소를 위로했지.

고구려 옛 무덤 벽화에서도 코뚜레를 한 소가 외양간에 매여 여물을 먹는 모습을 볼 수 있어. 달구지를 끄는 모습도 있지. 이런 것들로 보아 우리나라에서는 아주 오랜 옛날부터 농사일을 할 때 소를 부려 왔다는 것을 알 수 있어.

부리망

부리망은 소의 입에 씌우는 입마개야. 가늘게 꼰 새끼를 그물처럼 떠서 만드는데, '주둥망' 이라고도 하지. 소 키우는 집에는 꼭 부리망이 있었어. 부리망을 왜 씌우느냐고? 소들은 들에서 일을 하다가 풀이나 곡식이 보이면 뜯어 먹으려고 하거든. 달구지를 끌 때나 등에 짐을 싣고 길을 가다가도 먹을 게 있으면 제 맘대로야. 이런 녀석을 그냥 내버려 두면 어떻게 되겠어? 일이 더뎌지는 것은 물론이고 버릇도 잘못 들게 마련이지.

사람도 한번 나쁜 버릇이 들면 고치기 힘들듯이 소도 버릇을 잘못 들이면 아주 골치가 아파. 이른 봄, 들에 돋아난 부드러운 풀 맛을 본 소는 겨우내 모아 둔 뻿뻿한 여물로 끓인 쇠죽을 본체만체하지. 봄처럼 풀이 많이 나지도 않는데 쇠죽은 입에도 안 대려고 하니, 몸은 점점 말라 가고 소 주인은 애가 타는 거야.

그뿐만이 아니야. 일을 하다가도 순식간에 한입 가득 농작물을 뜯어 먹거나, 좀 쉴 참에 연장을 채운 채 놓아두면 그새를 못 참고 무거운 연장을 질질 끌고 가 기어이 풀을 뜯어 먹는 거야. 그러면 소 주인은 엉망이 된 남의 밭을 보고 미안해서 어쩔 줄 몰라 했지. 쌀 한 톨 콩 한 알이 귀한 농촌에서는 입질 나쁜 소 때문에 이웃 간에 싸움이 벌어지는 일이 생기기도 했으니 부리망을 씌우지 않을 수가 없었어. 이런 소는 꼭 부리망을 씌우거나 코뚜레를 잡고 앞에서 이끌어야 해.

부리망을 씌우지 않은 소를 이끄는 일은 어린아이들 몫이었어. "이랴!" 하면 오른쪽, "자라!" 하면 왼쪽으로 가고, "워!" 하면 멈추도록 길을 들였지. "이랴!"는 가라는 뜻이기도 해. 처음 소를 다루는 아이들은 이런 말들을 헷갈려 했지. 그러면 소보다도 말을 못 알아듣는다고 어른들한테 꾸중을 듣기도 했어.

워낭

소는 덩치만 컸지 겁이 많은 짐승이야. 산으로 풀을 먹이러 가면 무리 지어 풀을 뜯으면서도 눈으로는 계속 주위를 살피지. 바스락 소리만 나도 귀를 쫑긋 세워. 소 풀을 먹이러 간 아이들은 자기끼리 놀기 바빠서 소를 챙기는 것도 까맣게 잊어버리기 일쑤야. 어쩌다 주인이 두고 가도 저물녘이 되면 소들은 다들 제 발로 집을 찾아 돌아왔어.

하지만 일 년에 한두 번씩은 소를 잃어버리는 아이가 꼭 있기 마련이야. 아이들은 소를 잃어버리면 곧바로 집으로 달려갔어. 그러면 온 마을 어른들이 횃불을 들고 몰려가 산속을 뒤졌지. 고삐가 나뭇등걸에 걸려 꼼짝 못하고 있을 때도 있고, 정말로 길을 잃고 헤매기도 하거든. 소는 밤눈이 어둡고 겁이 많아서 해가 지고 나면 잘 움직이지 않아. 그러고 있다 제 풀에 놀라 다리를 다치거나 날뛰다가 제 고삐에 배가 칭칭 감겨서 죽기도 했대. 그래서 소를 잃어버리면 한시라도 빨리 찾아야 했어.

이런 때 말 못하는 소한테 소리가 나는 물건을 달아 놓기라도 하면 훨씬 찾기가 쉽겠지? 아닌 게 아니라 목에 워낭을 매단 소는 한결 찾기가 수월했어. 워낭은 놋쇠로 어린아이 주먹만 하게 만든 종이야. 소가 걸음을 옮길 때마다 "댕그랑! 댕그랑!" 소리가 나는데, 소리가 무척이나 맑고 예뻐. 그 소리를 따라가면 어김없이 잃어버린 소를 찾을 수 있었어. 본디 낯선 소리를 내어 소나 사람을 해칠 수 있는 사나운 짐승을 쫓으려고 달았다지만 소를 잃어버렸을 때도 도움이 되었지.

한밤중에 외양간에 들여놓은 소가 잘 있나 방에서 궁금해하는 소 주인도 이따금씩 울리는 워낭 소리를 들으면 마음이 놓여. 소가 별 탈 없이 잘 있다는 뜻이거든. 특히 새벽이슬을 밟으며 소 풀을 먹이러 갈 때 나는 잔잔한 워낭 소리는 어떤 노래보다 농부의 마음을 즐겁게 해 주지.

쇠신

소도 신을 신는다는 얘기 들어 봤니? 소 발굽은 아주 단단하고 두꺼워서 신을 신겨 줄 필요가 없게 생겼는데 말이야. 소는 무거운 짐을 싣고 바닥이 딱딱한 길을 오랫동안 걸어야 할 때가 많아. 닦지 않은 시골길은 뾰족뾰족한 돌부리가 많기 때문에 발이 찔릴 수도 있지. 말 못하는 짐승이라고 해도 몹시 괴로울 거야. 그래서 쇠신을 신겨 주는 거지. 모르긴 해도, 소한테 신 신겨 줄 생각을 한 건 아마 우리 민족밖에 없을걸?

쇠신은 짚으로 만들어. 밑이 두툼하고 앞코는 소 발굽의 갈라진 틈에 끼울 수 있게 되어 있어. 앞뒤에 달린 끈을 발목에 묶어 신이 벗겨지지 않도록 하지. 쇠신은 흔히 앞발에만 신겨. 신기려면 다 신기지 왜 앞발에만 신기느냐고? 그건 소가 앞발로 나아가고 뒷발로 몸을 지탱하기 때문이야. 뒷발까지 신을 신기면 걸음이 둔해질뿐더러 무게를 많이 받기 때문에 신이 얼마 견디지 못하거든. 때에 따라 네 발 모두 신기기도 했어. 비탈길을 올라갈 때 쇠신을 신기면 마찰력 때문에 미끄러지지 않아. 또 여름에 뜨겁게 달구어진 자갈길을 갈 때는 발을 데지 않고, 겨울철에 눈 쌓인 빙판길을 다닐 때는 미끄러지지 않아서 좋지. 하지만 논밭을 갈 때는 쇠신을 신기지 않아. 오히려 거치적거려 일을 방해하거든.

우리 조상들은 옛날부터 소를 식구처럼 대했어. 송아지가 태어나면 맑은 물을 떠 놓고 건강하게 자라기를 빌었고, 맛있고 부드러운 여물을 따로 마련해 두었다가 삶아서 먹였어. 겨울에는 힘들게 해 온 땔나무로 쇠죽을 끓여 주고 덕석으로 소 등을 덮어 추위를 막아 주었지. 농부들은 힘든 일을 대신해서 너끈히 해 주는 소가 너무 고마워서 신을 만들어 신겨 줄 마음도 생겼을 거야. 말한테는 발굽에 편자를 대어 주는데 소한테는 짚신이라도 신겨 주어야 농부 마음이 편하지 않았을까 싶어.

어리

봄이 되면 병아리들은 따뜻한 봄기운에 이끌려 여기저기 돌아다니지. 이맘때면 족제비나 매처럼 병아리를 노리는 짐승들이 한둘이 아니야. 쏜살같이 달려들어 병아리를 채 가곤 하지. 그렇다고 모든 닭과 병아리를 닭장에 가두어 키울 수는 없는 노릇이야. 암탉을 못살게 구는 수탉도 있고, 다른 닭이 낳은 병아리를 쪼아 대는 암탉도 있으니까. 그래서 병아리가 잘 클 수 있도록 어미 닭과 병아리 집을 따로 마련해 주는데, 그 집이 바로 어리야. 고장에 따라 '삘가리통', '가리', '달구어까리', '닭장' 이라고 부르기도 하지.

흔히 싸리나 대나무로 만드는데, 바구니를 거꾸로 엎어 놓은 것 같기도 하고 종 같기도 해. 싸리로 만드는 어리는 단단한 나뭇가지를 여러 개 구부려서 세로로 둥글게 뼈대를 세운 다음 가로로 살을 엮어 만들어. 테두리는 짚으로 꼰 새끼줄을 얽어서 마무리하지. 남쪽 지방에서는 대나무 어리를 많이 만드는데, 살과 뼈대, 테두리 모두 대나무를 쪼개서 만들고 벽 가운데에는 모이를 넣어 줄 구멍을 남겨 놓아.

흔히 닭장 안이나 마당, 헛간 같은 곳에 어리를 두고 병아리를 길러. 병아리가 좀 크면 어리를 들어서 바깥나들이를 하게 해 주었어. 어미 닭을 따라 종종걸음 치는 병아리는 정말 귀엽지. 하지만 해질녘 병아리를 다시 어리 안에 들일 때는 골치가 아파. 어리 쪽으로 몰면서 잡으려 들면 어미 닭과 병아리가 놀라서 이리저리 도망가 버리거든. 이럴 때는 어리 안에 모이를 뿌려 놓고 물그릇에 물도 채워 놓은 다음 저만치 떨어져 있으면, 병아리들이 알아서 어리 안으로 들어가지. 사람도 그렇듯 꼭 엄마 말을 안 듣고 돌아다니는 녀석이 있기 마련이야. 그래서 어리에 다 들여보낸 뒤에도 안 들어간 병아리가 없나 일일이 세어서 확인해야 해.

둥우리

둥우리는 닭이 알을 낳고 품어 병아리를 깔 수 있도록 만든 둥지야. 고장에 따라 '동어리', '둥지', '등제기' 라고도 부르고, 제주도에서는 '닭수렝이' 라고 했어. 어떤 곳에서는 둥우리를 '어리' 라고 부르기도 했대. 본디 어리는 닭이나 병아리가 해를 입지 않도록 바닥 위에 덮어 주는 집이지만, 둘 다 닭과 병아리가 사는 아늑한 보금자리다 보니 섞어 부르기도 했던가 봐.

둥우리는 짚으로 엮어서 그릇처럼 가운데가 움푹 들어가게 만들어. 흔히 둥근꼴이나 마름모꼴을 잡아 가며 조금 성기게 엮었어. 망태 짜듯 촘촘히 짜기도 했는데, 이것은 손이 많이 가서 마음을 여간 크게 먹지 않고서는 만들기 힘들었지. 다 만든 둥우리는 네 귀에 새끼줄을 길게 단 다음, 추녀 밑이나 서까래 밑에 매달아 두었어.

어미 닭이 둥우리에서 알을 품는 살뜰함은 정말 대단해. 알을 품을 때가 되면 자기 몸에서 부드러운 속 깃털을 뽑아서 둥우리 바닥에 깔아. 그리고 알을 낳는 대로 따뜻하게 품어 주는 거야. 못 깨고 나오는 알이 하나라도 있을까 틈만 나면 이리저리 굴리면서 말이야. 이때, 달걀 망태에 모아 둔 알을 같이 넣어 주면 병아리를 더 많이 깔 수 있지.

알은 스무 날쯤 품는데, 모이와 물을 먹으려고 나오는 시간을 빼고는 잠시도 쉬지를 않아. 둥우리에서 나올 때면 요란하게 소리를 내면서 날아내리지. 그러고는 마치 다른 짐승한테 쫓기는 것처럼 두리번거리며 재빨리 모이와 물을 먹고 둥우리로 돌아가. 둥우리를 비우는 동안 혹시나 알이 잘못될까 봐 그러는 거래. 어미 닭이 쏟는 정성이 이러하니 사람들도 둥우리를 더욱 정성껏 만들어 매달아 주었을 거야.

달걀 망태는 짚으로 짜서 달걀을 담는 작은 바구니야. 달아맬 수 있게 고리가 있고, 달걀을 넣고 꺼내는 조그마한 구멍이 위로 나 있어. 달걀 망태는 어둡고 서늘한 곳에 달아 두었어. 그래야 달걀이 곯지 않고 쥐나 족제비한테 도둑맞는 일도 없거든. 조금 크게 짜서 닭이 알을 낳는 둥우리로 쓰기도 했어.

갈이와 물대기

따비
가래
화가래
괭이
삽
극젱이
쟁기
메
곰방메
끙게
궁글대
맞두레
용두레
무자위

못도랑을 치고 보를 막아 물을 퍼 올려. 흙을 삶고 바닥을 골라 못자리를 만들 거야.

따비

따비는 논이나 밭을 가는 농기구 가운데 가장 오래된 거야. 발판이 있는 삽이나 쇠스랑처럼 생겼지. 좁고 비탈진 밭이나 돌과 나무뿌리가 많은 땅에서는 쟁기나 괭이를 쓰기 어렵기 때문에 따비를 써서 땅을 갈았어. 그래서 따비로나 갈 만한 좁은 밭을 '따비밭'이라 하고, 쓸모없어 버려둔 땅을 따비를 써서 새로 일굴 때는 '따비한다'고 해. '따부', '따보', '탑'이라고도 불렀대.

따비 역사는 신석기 시대에 시작되었다고 볼 수 있어. 그 시대에 썼던 짐승 뼈나 돌로 만든 뒤지개*가 차츰 따비 모양으로 바뀌었다고 전하거든. 지금은 거의 사라지고 거칠고 비탈진 땅이 많은 섬 지방에서나 따비를 볼 수 있어.

따비는 살짝 굽은 나무를 자루로 삼고, 끝 쪽에 쇠붙이 날을 박아 만들어. 처음에는 날을 나무로 만들었는데, 굳은 땅이나 돌이 많은 땅을 일굴 때 부러지는 일이 많았대. 철기 시대에 들어서 쇠붙이로 만든 날을 쓰게 되었는데, 힘도 덜고 같은 시간 동안 더 많은 땅을 갈 수 있게 되었어. 날 위에는 발판이 있어서 발로 밟아 날을 땅에 깊이 박을 수 있고, 자루 위쪽에 있는 손잡이로는 땅에 박은 날을 옆으로 돌려 흙을 파 뒤집을 수 있지.

따비는 날 개수에 따라 외날따비와 쌍날따비로 나뉘는데, 우리나라에서 널리 썼던 것은 날이 두 가닥으로 갈라진 쌍날따비야. 날이 두 개라 힘이 좋고 돌이 많거나 단단한 땅에서 두루 쓸 수 있었거든. 따비에는 송곳날따비, 주걱따비, 말굽따비가 있는데, 그 가운데서 말굽따비가 가장 오래된 거야. 송곳날따비나 주걱따비는 말굽따비에 비해 길고 뾰족해서 작은 고랑을 파거나 구멍을 낼 때 썼다고 하지.

*뒤지개 : 땅속 식물의 뿌리나 열매를 캐는 데 쓰던, 나무나 뼈로 만든 연장. '굴봉'이라고도 한다.

쌍날따비

외날따비

가래

우리 속담 가운데 "백지장도 맞들면 낫다."는 말이 있어. 농사일도 마찬가지야. 하루 종일 혼자 삽으로 흙을 떠 옮기거나 땅을 파려면 무척 힘들어. 특히 물을 대 놓은 무논에서는 흙이 질퍽거려서 서 있기조차 힘드니 일을 하려면 고생이 이만저만 아니지. 누군가 옆에서 좀 거들어 줬으면 좋겠다 싶은 생각이 들기도 해. 이런 때 꼭 맞춤한 농기구가 있어. 바로 가래야.

가래는 우리나라에서만 전해 내려온 농기구야. 커다란 삽날에다 양쪽에 잡아당길 수 있게 끈을 끼운 것이야. 생김새는 삽과 닮았지만 덩치가 크고 자루가 2~3미터나 될 만큼 아주 길어. 그래서 가랫자루를 장부라고도 부르지.

가래를 쓰면 소가 들어가지 못하는 진흙 밭과 무논에서도 얼마든지 땅을 팔 수 있어. 흙을 떠서 던지거나 밭이랑을 일구기에 좋고, 논에서 도랑을 치거나 논둑을 쌓고 깎는 데도 그만이거든.

자, 그럼 가래질을 한번 해 볼까? 가랫자루를 잡을 장부잡이 한 사람과 양쪽에서 줄을 잡아당겨 주는 줄꾼 두 사람이 있으면 돼. 가운데 선 장부잡이가 가랫자루를 잡고 흙 속에 가랫날을 발로 밟아 푹 박으면 양쪽에서 줄꾼 두 사람이 가랫줄을 힘껏 잡아 당겨. 그러면 가랫날이 번쩍 들리면서 가랫날에 박혀 있던 흙덩이가 앞으로 쭉 뻗어 날아가는 거야. 이렇게 세 사람이 하는 가래질을 '세손목한카래' 라고 하는데, 세 사람의 손목이 한 가래를 들어 올린다는 뜻이지. 장부 한 사람에 줄꾼 여섯 사람이 하는 '일곱목한카래' 를 하기도 하고, 장부잡이 두 사람과 줄꾼 여덟 사람이 함께 하는 '열목카래' 를 하기도 했대.

가래질은 여러 사람이 함께 하기 때문에 마음과 힘을 하나로 모아야만 제대로 할 수 있어. 가래는 아무리 힘든 일이라도 여럿이 어울려 즐거운 마음으로 해냈던 우리 조상들의 두레 정신이 가장 잘 담겨 있는 농기구라 할 수 있지.

화가래

화가래는 땅을 찍어 일구는 농기구야. 나무 자루에 말굽꼴 쇠 날이 달린 생김새가 가래와 닮아서 화가래라는 이름이 붙었지. 하지만 자루와 날이 ㄱ 자 꼴을 이루는 생김새는 오히려 괭이와 닮았어. 그래서 화가래가 괭이의 본디 모습일 것으로 짐작하고 있지. 쓰임새도 가래와는 달라. 가래가 흙을 뜨는 데 쓰는 삽이라면, 화가래는 땅을 찍어 일구는 괭이라고 할 수 있어.

화가래는 무른 땅을 일구는 데 많이 쓰였어. 쇠 날을 끼우기는 하지만 나무로 된 몸체가 괭이보다 단단하지 않아서 굳은 땅을 일구는 데는 알맞지 않기 때문이야. 하지만 날이 크고 넓어서 한꺼번에 많은 흙을 팔 수 있어. 논도랑을 치거나 이랑을 만들 때, 고랑의 흙을 쳐올리거나 무논 삶기를 할 때도 괭이를 쓰는 것보다 훨씬 수월하게 일할 수 있지. 김맬 때 풀이 너무 많아 호미로는 힘이 부칠 때도 화가래를 쓰면 빨리 끝낼 수 있고 말이야.

이렇게 두루 쓸 수 있는 화가래를 요즘에는 찾아보기 힘들어졌어. 화가래 몫을 대신하는 왜괭이가 나타났기 때문이지. 왜괭이는 일제 강점기에 들어온 괭이인데, 생김새는 화가래와 꼭 닮았어. 얇은 쇠로 날을 만들어 가볍기 때문에 화가래나 묵직한 조선괭이보다 쓰기가 좋지. 한 해 내내 힘든 농사일로 고단한 농부들한테는 가벼운 농기구만큼 반가운 것도 없기 마련이거든.

하지만 날이 무뎌지면 대장간에서 벼려서 다시 쓸 수 있는 조선괭이와 달리 왜괭이는 그럴 수가 없어. 조선괭이로는 묵고 단단한 땅을 일구고 나무뿌리도 캘 수 있지만, 날이 얇은 왜괭이로 묵은땅을 일구다간 금방 날이 굽고 자칫하면 목이 부러져 버리지. 그래서 왜괭이는 부드러운 땅에 골을 파거나 김매는 데 주로 썼어. 조선낫과 왜낫의 차이도 마찬가지야.

괭이

괭이는 역사가 아주 오래된 농기구야. 신석기 시대에 쓰던 돌이나 짐승 뼈로 만든 괭이가 아직도 내려오고 있으니 말이야. 쇠를 다루기 시작하면서부터는 나무로 된 날 끝에다 쇠를 입혀 썼어. 그러다 차츰 지금처럼 긴 나무 자루 끝에 ㄱ 자 꼴로 꺾인 쇠 날을 씌우게 된 거지. 고장에 따라 '곽지', '괘기' 라고도 불러.

옛날부터 농부들은 웬만한 일은 괭이 하나로 척척 해냈어. 밭을 갈고 골을 타고, 김을 매거나 덩이진 흙을 깨부수기도 했지. 무엇보다 괭이는 거친 땅을 일구는 데 그만이었어. 야산에 깊게 박힌 돌이며 나무뿌리를 걸어 내고 밭을 만드는 일에는 괭이만 한 농기구가 없었거든. 요즘도 소를 키우기 힘든 섬마을에서는 쟁기 대신 괭이로 야산을 일군다고 해.

농기구는 많이 쓰이는 것일수록 가짓수가 많기 마련이야. 농부들이 어떤 땅을 일구는지에 따라 생김새가 조금씩 다른 괭이를 썼기 때문에 괭잇날도 여러 가지가 있었어. 흔히 날 안쪽은 넓고 끝은 뾰족한 가짓잎괭이와 날 끝이 천천히 좁아지는 토란잎괭이를 썼지. 하지만 일제 강점기에 왜괭이가 들어오고 나서 잎꼴 괭이들이 많이 사라지고 말았어.

해마다 농사를 준비할 때가 되면 농부들은 집 안에 있는 괭이란 괭이는 모두 꺼냈어. 자루는 빼놓고 쇠붙이만 새끼줄에 끼워 둘러메고는 대장간에 가서 날을 시퍼렇게 벼렸어. 나무뿌리도 한 번에 찍어 자를 수 있도록 말이야. 쓰다가 날이 무뎌지면 숫돌에 갈아 썼지.

날이 양쪽으로 길고 날카로운 곡괭이도 괭이 가운데 하나야. 돌이 많거나 딱딱하게 굳은 땅을 일굴 때 쓰지. 삽질을 하기에 앞서 곡괭이로 땅을 찍어 놓으면 큰 덩어리가 부서져서 훨씬 수월하게 땅을 팔 수 있어.

삽

삽은 농사일뿐만 아니라 우리 생활에서 괭이와 함께 가장 많이 쓰는 연장이야. 신석기 시대부터 쓰기 시작한 것으로 짐작하고 있어. 서울 암사동과 평양 금탄리 유적지에서 돌로 만든 삽이 나왔거든. 가래나 돌보습, 뒤지개에서 발전한 따비가 삽의 본디 모습이라는 주장도 있지만, 따비는 삽보다 날이 작고 폭도 좁지.

오늘날 쓰는 삽 모양은 삽이 처음 생기고도 오랜 시간이 지난 뒤에 나타났어. 전남 순천과 충남 부여에서 삼국 시대의 것으로 보이는 나무 삽이 나왔는데, 오늘날 쓰는 삽과 거의 같은 모습을 갖추고 있지. 거의 다 저수지나 우물에서 발견된 것으로 보아 당시 물길을 내거나 진흙을 갈아엎는 데 나무 삽을 썼던가 봐.

오늘날에도 농사짓는 집이라면 삽 한두 자루씩은 다 있어. 요즘 삽은 쓰기 좋도록 고쳐 만들어서 옛날 것과 달리 자루 끝에 세모꼴 손잡이가 달려 있어. 물꼬를 트고 밭이랑을 만들고 집에 쓸 황토며 모래를 퍼 담을 때는 삽이 꼭 있어야 해. 물론 돌과 나무뿌리가 많은 땅을 팔 때는 삽보다 괭이로 파고 삼태기로 담아 나르는 것이 수월할 수도 있어. 하지만 삽을 쓰는 것보다는 일이 한참 더디지.

삽질에도 요령이 있어. 흙 위에 삽날을 세운 다음 한 발로 삽 위쪽을 힘껏 밟아 주면, 삽날이 흙 속으로 깊이 박혀서 한꺼번에 많은 양을 뜰 수 있지. 차지고 물기가 많은 흙은 삽질할 앞부분을 칼집 넣듯이 ㄷ 자 꼴로 먼저 질러 놓고 흙을 떠 올려. 이렇게 하면 바로 삽질을 하는 것보다 몇 곱절 많은 흙을 한 번에 뜰 수 있거든.

옛날에는 팔 힘이 좋은 아이들도 삽질을 했어. 삽질을 하다 싫증이 나면 양손으로 삽 손잡이를 잡고 삽날 위에 올라탄 채 뜀뛰기를 했지. 어른들은 행여나 삽날이 부러질까 못하게 했지만, 그 시절 아이들한테는 어른들 눈을 피해 가며 하는 삽날 오래 타기 놀이가 큰 즐거움이었어.

극젱이

극젱이는 땅을 가는 농기구야. 지방마다 생김새도 조금씩 다르고 이름도 달라. '훌쳉이', '후치', '보고래', '끌쟁기' 같은 여러 가지 이름이 있지. 극젱이라는 이름은 밭을 긁듯이 가는 데에서 나왔어. 논농사보다 밭농사를 먼저 시작한 우리나라에서는 밭일에 많이 쓰는 극젱이를 쟁기보다 먼저 썼을 거라고 짐작하고 있어.

극젱이는 쟁기와 많이 닮았어. 쟁기처럼 소 등에 멍에를 얹고 멍에와 성에를 끈으로 이어서 끌게 한 다음, 그 힘으로 사람이 보습을 땅에 대고 땅을 갈거든. 쓰임새뿐만 아니라 생김새도 비슷해. 길쭉한 나무줄기인 성에와 보습이 달린 술이 뼈대를 이루고, 이 둘을 비스듬하게 이어 주는 한마루가 있지. 쟁기와 달리 극젱이는 보습이 휘지 않고 판판해. 그리고 보습 위쪽에 흙을 뒤집어 주는 볏이 없어서 겉흙만 살짝 갈거나 가볍게 골을 팔 때 썼어. 밭에 콩이나 메밀을 심을 때, 고추 이랑을 짓거나 밭고랑에 돋아난 김을 맬 때 극젱이가 큰 몫을 했지. 또 극젱이는 쟁기보다 크기가 작고 가벼워. 그래서 어린아이들이나 쟁기질을 처음 하는 사람들은 먼저 극젱이질을 하면서 다루는 법을 익혔어.

이처럼 극젱이로 하는 일이 많다 보니 보습은 금세 닳아 없어졌지. 돌이 많은 땅을 갈다가 부러지는 일도 많았어. 그래서 농부들은 일 년에 한 번씩 보습을 새것으로 갈거나 대장간에서 벼려야 했어. 땅에 돌이 유난히 많은 동네에서는 한 집에 예닐곱 개씩 극젱이 보습을 두기도 했대.

갈아야 할 땅이 좁거나 소가 없는 집에서는 극젱이보다 좀 더 작게 만든 인후치를 만들어 썼어. '인걸'이라고도 하는데, 줄을 묶어 어깨에 메고 소 대신 사람이 끄는 거야. 예전에는 아내가 앞에서 끌고 남편은 뒤에서 인후치를 잡아 주는 모습을 심심찮게 볼 수 있었대.

쟁기

쟁기는 경운기가 나오기 전까지 논밭을 가는 데 없어서는 안 될 농기구였어. 10~20년 전만 해도 봄이면 들판 여기저기서 농부들이 쟁기로 논을 가는 모습을 볼 수 있었지. 산골에서는 요즘도 쟁기로 따비밭을 가는 집이 있을 정도야. 고장에 따라 '장글', '잠기', '장기', '잠개', '보', '보장기' 라고도 불렀어.

쟁기로 논밭을 갈면 소 힘을 빌려 쓰기 때문에 힘을 적게 들이고도 땅을 쉽게 갈 수 있어. 소 한 마리로 끄는 쟁기를 '호리' 라고 하고, 두 마리가 나란히 끄는 것은 '겨리' 라고 해. 흔히 호리를 많이 썼는데, 돌이 많고 땅이 거친 북쪽 지방과 강원도 산골에서는 힘이 좋은 겨리를 많이 썼대.

땅을 갈 때가 되면 농부는 쟁기와 멍에를 지게에 지고는 소를 몰면서 논밭으로 갔어. 멍에 채운 소를 쟁기 앞에 세운 다음, 쟁기 앞쪽에 있는 성에와 멍에를 긴 줄로 묶었지. 보습을 땅바닥에 살짝 세워 꽂은 채 "이랴!" 하고 소를 채찍질하면 쟁기질이 시작되는 거야. 쟁기는 보습 위에 볏이 달려 있어서 깊고 가지런하게 골을 낼 수 있어.

쟁기질을 할 때는 땅 생김새와 성질에 맞추어 소와 쟁기를 부려야 해. 논이든 밭이든 한 이랑 안에서도 한쪽은 물이 많아 질고 다른 쪽은 메말라서 딱딱할 수 있거든. 진 곳은 깊이 갈리지 않게 쟁기를 약간 들어 주고 딱딱한 곳은 지그시 눌러 주어야 하지. 또, 한 해는 왼쪽에서부터 갈았으면 다음 해에는 반드시 오른쪽에서부터 갈아. 그래야 흙이 한쪽으로만 밀리지 않아서 바닥 높낮이가 고르게 돼.

조선 시대에 나온 책인 《금양잡록》에 따르면, 모두 100호나 되는 마을에 소가 서너 마리밖에 없어서 사람이 쟁기를 끌었다고 해. 그만큼 쟁기질은 농사에서 큰 몫을 차지했음을 알 수 있지. 장정 아홉이 쟁기를 끌어야만 소 한 마리 힘과 맞먹는다고 해.

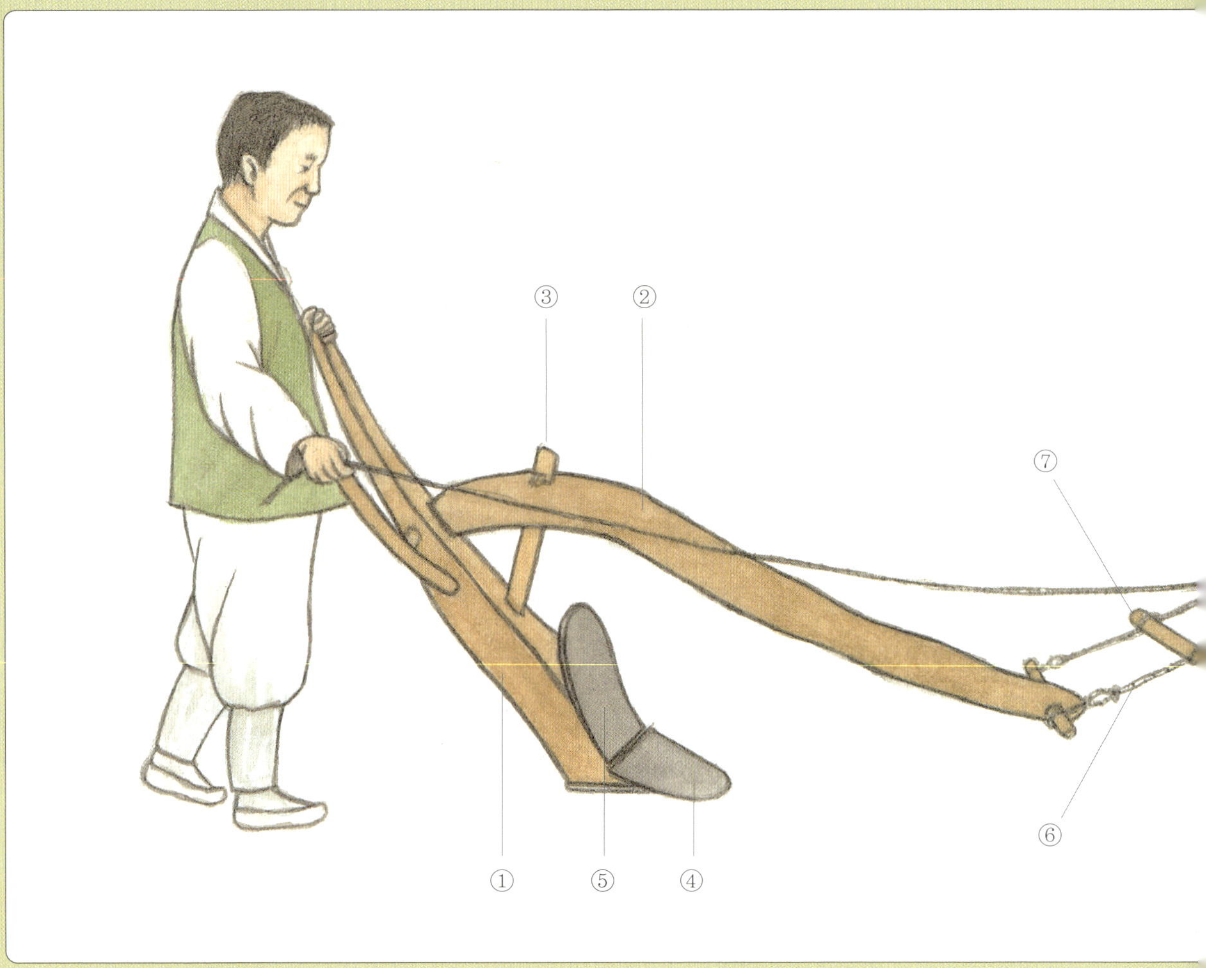

부분 이름과 풀이

① 술 : 쟁기 몸 아래로 비스듬히 뻗은 나무.

② 성에 : 쟁기 윗머리에서 앞으로 길게 뻗은 나무.

③ 한마루 : 술과 성에가 움직이지 않도록 둘을 꿰뚫어 곧게 박은 나무.

④ 보습 : 술바닥에 끼우는, 삽 모양의 쇳조각.

⑤ 볏 : 보습 위에 비스듬하게 얹는 쇳조각. 뒤집어 놓는 흙을 볏밥이라 한다.

⑥ 봇줄 : 멍에의 양 끝에 매어 쟁기와 잇는 줄.

⑦ 물추리나무 : 봇줄을 매고 엉키지 않도록 성에 앞과 봇줄 사이에 가로로 놓은 나무.

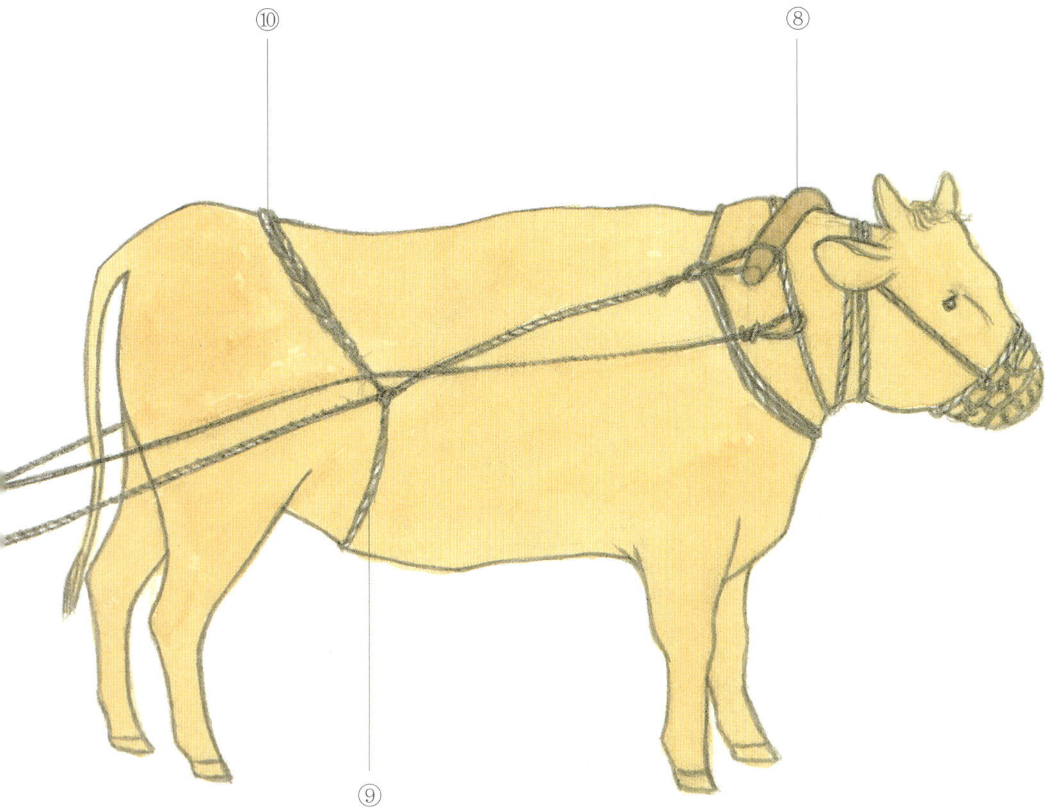

⑧ 멍에 : 쟁기나 수레를 끌게 하려고 소의 목에 얹는 구부러진 막대.

⑨ 뱃대끈 : 봇줄이 위로 올라가지 않도록 소의 배에 둘러 감아 봇줄과 잇는 줄.

⑩ 한태 : 봇줄이 아래로 처지지 않도록 소의 등 위로 감아 봇줄과 잇는 줄.

이랴 이랴 이 소야
올라서서 밭을 갈구
서라 이 소 돌아서서
이랴 해는 일락서산 떨어지는데
밭은 얼마도 못 갈았네
이랴 이 소야 빨리 갈자

– 함경도 밭 가는 소리

메

농사일을 하다 보면 말뚝을 박거나 땅을 다질 일이 생기기 마련이야. 메는 그럴 때 쓰는 농기구야. 고장에 따라 '박망치', '메댕이', '울메' 라고도 불러. 단단하고 야무진 통나무 토막에 자루를 박아 만든 나무망치라고 할 수 있어. 가벼워서 들고 내려치는 데 힘이 많이 들지도 않아. 나무에 내려쳐도 갈라지지 않고 바닥에 닿는 쪽이 넓어서 땅을 다지기도 좋지. 논둑을 튼튼하게 하려고 말뚝을 박거나 울타리를 칠 때, 돼지우리를 짓고 고추 밭에 버팀대를 박을 때도 메는 쓸모 있는 도구였어.

아이들은 자라면서 저절로 메질을 익혔어. 말뚝을 내려칠 때 처음 몇 번 말뚝이 바로 서 있게 밑에서 잡아 주어야 하는데, 이 일은 아이들 몫이었지. 바람을 가르고 메를 내려칠 때면 맞을까 봐 가슴이 조마조마해. 그러다 직접 메질을 해 보면 어른이 된 것처럼 신이 났지.

메는 쓰임에 따라 여러 가지가 있는데, 말뚝을 박을 때 쓰는 메 말고도 '짚메' 와 '떡메' 가 있어. 짚메는 짚을 쳐서 부드럽게 만드는 메야. 짚으로 새끼를 꼬아서 멍석이나 짚신을 삼을 때 물을 축인 짚을 짚메로 살근살근 쳐 주면 짚이 질겨지고 튼튼해지지. 떡메는 떡을 만들 때 쓰는 메인데, 떡판 위에 찐 쌀을 올려놓고 수없이 내리쳐서 쫄깃쫄깃한 떡을 만들어. 아이들은 남의 집 떡메 치는 소리만 들어도 마음이 설레고 군침이 돌았어. 옆에서 얼쩡거리다가 꾸지람을 듣거나 떡메에 머리를 맞을 뻔하기도 하지만 말이야.

무엇을 박는 도구로는 쇠로 만든 쇠망치도 있어. 하지만 쇠망치로 나무 말뚝을 내려치면 나무가 쉽게 갈라지고 땅을 다져도 움푹 파이기만 할 뿐 고루 다져지지가 않아. 그래서 농사일에는 쇠망치보다는 나무망치인 메를 많이 썼지.

메

짚메

떡메

곰방메

곰방메는 흙덩이를 깨부수는 농기구야. 고장에 따라 '통곰배', '뭉퉁곰배' 라고도 불러. 곰방메로 흙덩이를 부수거나 흙을 치는 것을 '곰방메질' 이라고 하지.

그런데 왜 하필 이름을 곰방메라고 붙였을까? 말뚝을 박을 때 쓰는 메는 덩치가 커. 그런데 흙덩이를 깨는 데 쓰는 메는 작으니까 따로 곰방메라 했던 거야. 작은 담뱃대를 곰방대라고 하듯이 말이야.

곰방메는 굵기가 팔뚝만 한 통나무 토막에다 서서 내려치기 좋도록 긴 자루를 박아 만들어. 흔히 머리는 단단하고 무거운 나무를 쓰고, 자루는 그보다 가벼운 나무를 쓰지. 머리가 자루보다 가벼우면 내려칠 때 땅이 받는 힘도 약하거든.

우리나라 남쪽 지방에서는 벼를 심어 거둔 땅에 곧바로 가을보리를 심었어. 이걸 '논보리 심기' 라고 해. 그러니까 한 해 동안 같은 논에 벼와 보리를 번갈아 심는 그루갈이를 한 것이지. 벼를 키우는 내내 물을 대었던 논은 흙에 물기가 많고 질어. 물기를 머금고 단단히 뭉친 흙덩이들은 아무리 쟁기질을 하고 써레질을 해도 잘 부수어지지 않지. 이런 큰 흙덩이들이 많으면 여린 보리 싹이 흙을 뚫고 잘 돋아날 수가 없어. 그래서 씨앗을 뿌려 놓고 나면 흙덩이들을 일일이 깨부수는 일을 했어. 곰방메는 이럴 때 맞춤한 농기구였지.

또 곰방메는 흙을 다지는 데도 썼어. 큰 흙덩이를 다 부수고 난 뒤에도 농부들은 틈틈이 골을 따라 오가며 곰방메질을 했어. 옛날 어른들은 농사일은 한 손이라도 더 돌보면 그만큼 거두는 양도 늘어난다고 철석같이 믿었으니까. 곰방메질을 계속하다 보면 흙 위로 드러난 보리 씨앗도 덮고 발로 밟고 다녀서 보리가 뿌리도 잘 내릴 수 있으니 그야말로 '꿩 먹고 알 먹고' 였던 셈이야.

끙게

끙게는 소가 끌고 다니면서 흙을 부드럽게 부수는 농기구야. 끌고 다닌다고 끙게라고 부르지. 논밭에 씨를 뿌리기 전에 땅을 고르려고 흙덩이를 부술 때나 씨를 뿌리고 나서 씨앗 위에 흙을 덮어 줄 때 썼어. 번지보다 튼튼하고 무게가 있어서 돌이 많고 거친 밭을 고를 때 쓰기 좋지.

생김새는 딱히 정해진 게 없고 끌어서 바닥이 반반하게 골라지면 다 끙게로 썼어. 그나마 생김새를 갖춘 끙게는 방망이 굵기쯤 되는 통나무 여러 개를 나란히 엮은 거야. 통나무에는 잔가지가 삐죽삐죽 나와 있기 마련인데, 잔가지가 많은 쪽이 아래를 보도록 단단히 묶어야 해. 다 만든 끙게 위에는 무거운 돌이나 나무를 올려놓았어. 때로는 놀 거리가 없어 심심해하는 아이들을 돌 대신 태우기도 했지. 그래야 끙게에 힘이 실려서 줄을 묶어 끌었을 때 땅이 잘 갈리거든. 끙게 아래쪽에 있는 잔가지가 흙덩이를 부수어 고른 땅을 만들어 주는 거야. 씨앗 위에 흙을 덮을 때는 흙을 끙게 위에 얹고 끌어서 나무 틈새로 흙이 빠지면서 땅을 덮도록 했어.

이처럼 끙게 생김새나 쓰임새가 여러 가지인 데에는 이유가 있어. 옛날에는 자기 밭이 전혀 없거나 있어도 크기가 얼마 되지 않는 농부들이 많았어. 남의 논밭에서 일을 해서 돈을 번 뒤에야 자기 밭을 사서 농사지을 수 있었으니 솜씨가 있어도 일하느라 농기구를 장만할 여유가 없었지. 그래서 남의 것을 빌려 쓰거나 급한 대로 소나무 가지나 가마니로 대충 만들어 두루 썼던 거야.

남쪽 지방에서는 굵은 통나무 양 끝에 줄을 매거나 써레를 뒤집어서 끙게로 썼어. 아예 끙게를 써레 모양으로 만든 다음 몸체를 아래로 가도록 해서 끙게로 쓰고, 반대로 엎어서는 발고무래처럼 쓰기도 했지.

궁글대

봄에는 비가 오거나 바람이 심하게 불 때가 많아. 부드럽게 골라 놓은 논밭에 한바탕 비가 오면 흙이 고랑을 타고 쉽게 쓸려 나가지. 메마른 날씨에 회오리바람이라도 일 때면 부드러운 흙이 사방으로 흩어지고 날리기 일쑤야. 그러면 소중한 씨앗들이 흙 밖으로 드러나기도 하고 아예 바람에 날아가 버리기도 해.

이런 일이 없도록 씨앗을 심어 둔 이랑의 흙을 가볍게 눌러 주는 데 썼던 도구가 궁글대야. '굴레' 나 '굴대' 라고도 하지. 상추 씨처럼 작고 가벼운 씨앗을 심은 밭을 다지기도 하고, 벼를 털고 남은 낟가리를 널 땅을 판판하게 만들 때 쓰기도 했어. 막 돋아나는 새싹을 궁글대로 살짝 눌러 주면 훨씬 튼튼하게 잘 자랐지.

궁글대는 큰 나무 막대 틀에 통나무나 둥근기둥 꼴의 돌, 쇠를 눕혀 끼워 굴릴 수 있게 만들어. 마치 판화를 찍을 때 쓰는 롤러처럼 생겼지. 조선 후기에 박지원이 쓴 《과농소초》라는 책에는 궁글대에 끼우는 돌을 지름 60센티미터에 너비가 90센티미터쯤 되게 깎아서 만들었다고 나와. 어림잡아도 꽤 무거웠으리란 것을 알 수 있지. 돌이나 쇠보다 무게가 덜 나가는 통나무는 아마 그보다 훨씬 크게 만들었을 거야. 그래야 같은 무게로 흙을 잘 눌러 줄 수 있을 테니까. 그와는 달리 남부 지방에서는 지름이 30센티미터, 너비는 15센티미터쯤 되는 작은 돌을 새끼에 꿰어 보리밭 위에서 끌기도 했대.

제주도에서는 땅을 다질 때 궁글대와 비슷하게 생긴 '남태' 와 '돌태' 를 써. 나무로 만든 것은 남태, 돌로 만든 것은 돌태라고 부른대. 남태는 통나무 바퀴에 뭉툭하게 생긴 나무 발을 수십 개 박아 만든 바퀴야. 양옆에는 고리를 달고 거기에 끈을 끼워서 끌었지. 돌태는 돌 바퀴 가운데에 구멍을 뚫고 나무 막대로 축을 삼은 다음, 줄을 묶어 끌었던 농기구야.

궁글대

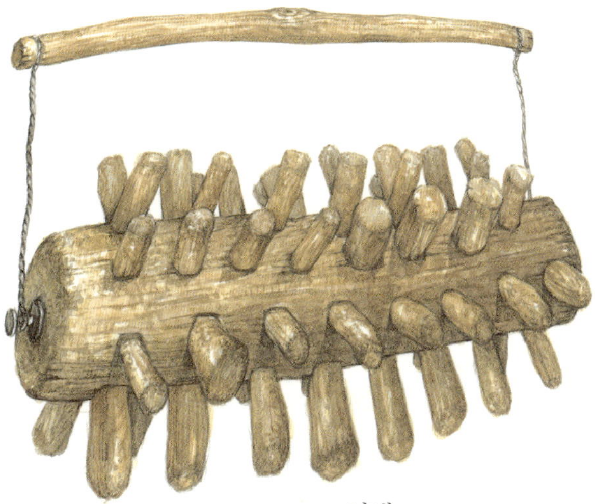

남태

맞두레

맞두레는 물을 퍼 올릴 때 쓰는 두레박이야. 두 사람이 마주 보고 쓰는 두레박이라고 이름도 맞두레지. '쌍두레', '물두레', '물파래', '고리박' 이라고 부르기도 해. 흔히 가벼운 오동나무 널빤지를 이어 붙이거나 통나무를 움푹하게 파서 만들어. 모서리에 달린 줄 네 개를 두 사람이 두 줄씩 잡고 무넘기* 높이가 사람 허리쯤 되는 곳으로 물을 퍼 올릴 때 썼어.

뙤약볕 아래서 맞두레질을 하자면 일이 두 배로 힘들어. 그래서 농부들은 아예 별이 총총한 밤에 논으로 나와 물을 퍼 올렸어. 한 사람이 "하나, 둘, ……" 하고 수를 세면, 다른 사람은 "허이!" 하고 받으면서 박자를 맞추었지. 백 두레를 푸면 한 메기 한 것으로 치고 잠시 쉬기도 하면서 말이야. 모내기 철이 되면 캄캄한 들판은 논에 물을 퍼 올리는 농부들 구령 소리와 횃불을 들고 밤참을 내가는 아낙네들 소리로 낮처럼 시끌벅적했지.

모내기를 한 다음에도 농부들은 한여름 내내 물을 퍼 올려야 했어. 비가 없는 한여름에는 물을 충분히 대어도 사흘이 못 가 논바닥이 마르거든. 맞두레질할 물도 없을 만큼 가뭄이 들면 농부들은 말라 버린 물도랑을 서성이면서 농사는 하늘이 짓는 것이라는 걸 새삼 느끼곤 했지.

맞두레질로 물을 퍼 올려야 하는 논은 물 대기 좋은 논보다 값어치가 많이 떨어졌어. 두 사람이 열심히 물을 퍼 올려도 하루에 한 마지기 채우기가 벅찼기 때문이야. 하지만 억척스러운 농부들은 맞두레질로 아래쪽 논에 먼저 물을 댄 다음, 위쪽 논에 다시 퍼 올리기를 되풀이하면서 몇 층이나 되는 논까지 물을 대었어. 남의 논을 부치거나 품팔이로 사는 농부들은 그런 논이라도 가지는 게 소원이었지.

* 무넘기 : 논에 봇물을 대려고 만든 둑. '무넘깃둑' 이라고도 한다.

용두레

용두레는 낮은 곳에 있는 물을 퍼 올려 논에 물을 대는 데 쓰는 도구야. 물을 담는 두레가 용처럼 길게 생겼다고 이름도 용두레야. 고장에 따라 '통두레', '파래', '품개' 라고도 불러.

용두레로 쓸 나무는 밑둥치가 크고 위는 가는 것이어야 해. 이렇게 생긴 통나무를 1.5미터쯤 되는 길이로 벤 다음, 반으로 갈라 속을 파내. 가는 쪽 끝을 다듬어 손잡이로 쓸 자루를 만드는데, 마땅찮으면 아예 따로 깎아 달기도 하지.

다 만든 용두레를 쓰려면 먼저 물이 있는 곳에 긴 나뭇가지를 써서 삼각대를 세워야 해. 그러고는 삼각대에 줄을 매어서 용두레를 걸치는 거야. 자루를 들어 올려 용두레를 세웠을 때, 물에 적당히 잠기는 높이가 되도록 해야 물을 퍼 올릴 수 있어. 물 양이 줄어 무넘기와 물 사이의 거리가 멀어지면 줄을 더 늘였어. 용두레에 물을 담고 손잡이를 내리누르면서 앞으로 쭉 밀면 용두레에 담긴 물이 위쪽 논에 던져지는 거야. 지렛대 원리를 쓰는 기구인 셈이지.

용두레는 물이 있는 곳이 논과 가깝고 물 양도 많아야 제대로 써먹을 수 있어. 물을 떠서 무넘기 위로 올리기 때문에 무넘기 높이가 너무 높지 않아야 물을 흘리지 않고 용두레질을 할 수 있지. 물이 얕거나 무넘기가 너무 높으면 용두레질 말고 다른 방법을 쓸 수밖에 없었어.

농부들은 가뭄에도 물 걱정 없이 농사를 지으려고 논 가장자리에 물웅덩이를 파 놓았어. 이것을 '둠벙' 이라고 하는데, 용두레로 물을 퍼 올리기에 딱 좋은 높이로 만들지. 오늘날에는 수리 시설이 잘되어 있어서 용두레를 쓸 일이 없고 둠벙도 거의 사라졌어. 어쩌다 남은 둠벙은 개구리와 붕어들이 노는 놀이터가 되었지.

통나무를 구하기 힘든 곳에서는 널빤지 조각을 잇대어 용두레를 만들었어. 물이 잘 담기도록 바닥을 넓적하게 만들고 긴 나무 자루를 달았지.

무자위

무자위는 낮은 곳에 있는 물을 높은 곳으로 끌어 올리는 농기구 가운데 가장 덩치가 커. 물을 자아올린다고 해서 이름도 무자위지. 고장에 따라 '자새', '자애', '무자새', '수룡', '수차' 라고도 불러.

지름이 180센티미터쯤 되는 큰 나무 바퀴와 물을 담는 그릇인 날개, 물을 쳐올려서 밀어 내는 홈통으로 이루어져 있어. 흔히 얕은 물을 퍼 올릴 때 쓰는데, 크기가 큰 만큼 한 번에 많은 물을 퍼 올릴 수 있지.

무자위로 물을 퍼 올릴 때는 우선 무자위 아래쪽을 물에 잠기게 한 다음, 사람이 올라서서 비스듬히 세운 기둥을 잡고 계단을 오르듯 날개를 밟아 내려. 날개에 물을 담은 나무 바퀴는 사람 무게를 받고 슬슬 돌면서 홈통으로 물을 흘려 보내게 되지.

무자위를 쓰면 한 시간에 50~60톤쯤 되는 물을 댈 수 있어. 그래서 논이 드문 산 동네보다는 논도 크고 농사를 많이 짓는 들 동네에서 많이 썼지. 덩치가 크다 보니 여기저기 옮기면서 쓰기는 어렵고, 흔히 저수지나 보에서 물이 많이 흘러 들어오는 도랑에 두었지. 염전이 많은 서해안에서는 얼마 전까지도 무자위로 바닷물을 퍼 올려 소금을 만들었어.

고려 말 백문보라는 사람은 중국에서 무자위와 비슷한 수차를 들여와 논에 물을 댄 다음, 모를 옮겨 심자고 했대. 그때까지만 해도 사람들은 지금처럼 물을 댄 논에 모내기를 하는 대신 마른논에 바로 볍씨를 뿌려 벼농사를 짓고 있었지. 하지만 그의 말은 받아들여지지 않았어. 물을 대는 수차를 제대로 갖추지 못하면 가뭄이 들 때 꼼짝없이 농사를 망칠 수 있다는 것이었지. 그래서 나라에서는 조선 초까지도 모내기를 하지 못하도록 했어. 조선 후기에 들어 모내기를 하게 되자 무자위도 함께 널리 퍼지기 시작했던 거야.

보리타작과 모내기

도리깨
어레미
키
지게
발채
길마
걸채
옹구
달구지
써레
나래
번지
못줄
살포

낫으로 벤 보리는 며칠 말린 뒤 다져 놓은 타작마당으로 옮겨와 도리깨질로 알곡을 털어.

도리깨

도리깨는 보리, 콩, 팥 같은 곡식 낟알을 떨어내는 농기구야. 돌려서 내리친다고 도리깨라고 하지. 고장에 따라 '도루깨', '돌깨', '도깨' 라고도 불러.

도리깨는 흔히 나무로 만드는데, 굵고 길쭉한 자루 끝에 곡식을 내려치는 부분인 휘추리를 꼭지로 이어 붙이지. 자루는 가볍고 튼튼한 대나무로 만들고, 휘추리는 가늘면서 질긴 물푸레나무나 닥나무 줄기로 만들었어. 대나무가 많은 남부 지방에서는 자루와 휘추리를 모두 대나무로 만들었대.

도리깨를 쓰다 보면 휘추리와 꼭지가 잘 부러져. 본디 도리깨질이란 것이 휘추리를 바닥으로 내려치는 것이다 보니 그 힘을 받은 휘추리와 꼭지가 오래 남아나질 못하는 거야. 그래서 꼭지를 만들 때는 쉽게 닳거나 부러지지 말라고 참나무나 느릅나무처럼 단단한 나무를 썼어. 더 질겨지라고 나무를 오줌통에 담가 두기도 했지.

아무리 잘 만든 도리깨가 있어도 쓸 줄 모르면 헛일이야. 다루는 법도 모르고 무작정 휘돌리다가는 자기 머리를 후려치기 딱 좋지. 도리깨를 휘돌릴 때는 휘추리를 머리 뒤로 높이 올려 돌렸다가 곧장 내려치는데, 팔목에 힘을 빼고 살근살근 해야 알곡도 잘 털리고 힘도 덜 들어. 흔히 서너 명이 품앗이로 도리깨 타작을 하는데, 한 사람이 도리깨질하기 좋게 곡식을 먹여 주면 두세 사람이 터는데 돌아가면서 역할을 바꾸었지. "으쌰!", "후야!" 하면서 박자를 맞추고 흥을 돋우면 힘든 줄도 모르고 신나게 도리깨질을 할 수 있었어.

어떤 일을 갈피를 못 잡고 헤매는 것을 두고 "동구 밖에서 도리깨질하듯 한다."고 하지. 사람이 자주 오가는 곳에서 사람들 말에 따라 도리깨질을 이랬다저랬다 하다 보면 일을 제대로 하기 어렵기 때문이야.

어레미

어레미는 가루를 곱게 치거나 액체를 거를 때 쓰는 체 가운데 하나야. 체는 그물같이 생긴 쳇불 구멍 크기에 따라 '어레미', '도드미', '중거리', '가루체', '풀체'로 나누는데, 그 가운데 쳇불 구멍이 가장 큰 것이 바로 어레미지. 떡고물이나 메밀가루처럼 굵은 가루를 내릴 때 쓰기도 했지만, 농사일에서 곡식을 가릴 때도 많이 썼던 도구야.

어레미는 구멍이 큰 것과 작은 것 두 가지가 있어. 구멍이 큰 어레미는 대나무로 쳇불을 만들어. 대를 잘게 쪼개서 성기고 엇걸리게 엮는 거지. 다 엮은 쳇불 둘레는 대오리로 둘러 마무리하기도 하고, 아예 소쿠리처럼 높은 울을 돌려 엮어 쳇바퀴로 만들기도 했지.

흔히 어레미는 콩이나 팥처럼 씨알이 굵은 곡식을 가리는 데 썼어. 특히 콩 타작을 하고 남는 콩대 부스러기는 무거워서 바람이 센 풍구로 부쳐도 알과 부스러기를 제대로 가리기 힘든데, 어레미를 써서 먼저 큰 부스러기를 없앤 다음에 풍구질이나 키질을 했던 거야.

구멍이 작은 어레미는 참깨나 들깨처럼 알이 작은 것을 가리는 데 써. 깨를 털면 낟알과 함께 잎, 줄기, 껍질 들도 같이 털리기 마련인데, 이것들은 벼나 보리 검불보다 무겁고 깨알은 반대로 가볍기 때문에 바람에 날리는 방법으로는 가리기가 어려워. 이런 때 어레미에 담아 살살 쳐 주면 알갱이는 밑으로 빠지고 위에는 버릴 것들만 남아서 쉽게 가릴 수 있지.

얼맹이는 제주도에서 쓰는 어레미야. 울을 높게 둘러서 소쿠리처럼 만들었지. 바닥은 네모꼴인데, 대나무를 결어서 난 구멍으로 알갱이는 떨어지고 뉘는 안에 남게 했어.

키

키는 곡식에 섞여 있는 쭉정이, 티끌, 먼지, 검불을 날려 보내고 돌도 골라내려고 만든 농기구야. 타작이 끝난 자리에는 알곡과 돌, 흙, 검부러기, 쭉정이들이 뒤섞여 있기 마련이지. 그것들을 모아 남은 티끌을 골라낼 때는 물론이고, 방아를 찧고 나서 곡식에 섞인 껍질을 날릴 때도 키는 꼭 필요했어.

고장에 따라 '치', '췽이'라고도 부르는 키는 껍질을 벗긴 버들가지를 삼노끈으로 엮어 만들어. 대나무가 많이 나는 남쪽 지방에서는 대나무 껍질로도 만들었지. 낟알이 굴러 떨어지지 않도록 안쪽을 우묵하게 만들고, 양쪽에는 날개를 붙였어.

키질을 할 때는 양손으로 키가 허리쯤 오게 잡고 아래위로 까불러. 그러면 바람이 일면서 검불과 먼지가 풀풀 날아가지. 동시에 곡식이 움직이면서 돌과 쭉정이가 따로 나뉘어 곡식만 깨끗하게 가려지는 거야. 바람이 불면 키에 곡식을 담아 높이 들고 검불이 자연스레 날려 가도록 천천히 쏟아 내리기도 했는데, 이것을 '키내림'이라고 해. 키내림을 할 때는 다른 한 사람이 곁에서 키를 들고 부채처럼 왼쪽, 오른쪽으로 휘둘러 바람을 세게 일으켜 주기도 하는데, 그 모습이 꼭 나비가 날개 치는 것 같다고 '나비질'이라고 하지.

고구려 옛 무덤 벽화에 키가 그려져 있는 것을 보아 우리나라에서는 아주 오래전부터 키를 써 왔음을 알 수 있어. 가까운 중국이나 일본에서는 키를 쓴 흔적을 찾기 어렵지만, 지구 반대편에 사는 인디언들은 오래전부터 키를 써 왔다고 해. 게다가 우리와 똑같이 '키'라고 부른다니 참 신기한 일이지?

옛날에는 아이가 자다가 이불에 오줌을 싸면, 머리에 키를 씌워 이집 저집 다니면서 소금을 얻어 오게 했어. 이웃들은 소금을 주지는 않고 머리 위에다 뿌리면서 다시는 오줌을 싸지 말라고 짐짓 혼을 내는 거야. 그러니 아이들에게는 키가 그다지 반갑지 않은 물건이었겠지?

지게

지게는 짐을 담아 어깨에 메고 나르는 도구야. 삼한 시대가 되기 전부터 쓰기 시작한 것으로 짐작하고 있는데, 우리나라에서만 볼 수 있대. 요즘도 시골에 가면 집집마다 지게가 한두 개씩은 있는 걸 볼 수 있어.

지게 몸통은 흔하고 가벼운 소나무로 만들어. 줄기는 곧으면서 너무 굵지 않아야 하고, 뻗어 나간 지겟가지는 단단하면서도 매끈한 게 좋아. 너무 위로 옥으면 짐을 많이 질 수 없고, 너무 처지면 짐을 졌을 때 지게가 뒤로 젖혀지기 때문에 적당히 옥은 것으로 두 짝을 구해야 해. 잘 말려 다듬은 몸통 나무 사이에는 납작한 막대를 너덧 개 박아서 이어 줘. 몸통만 제대로 만들고 나면 짚으로 등태와 멜빵을 엮어 채우는 거야 식은 죽 먹기지. 지겟작대기는 지게를 쓸 때 힘을 가장 많이 받기 때문에 단단한 참나무나 박달나무를 쓰는 것이 좋아.

들에 메고 다니는 지게는 산골 지게보다 키가 큰 편이야. 지겟다리가 길어야 짐을 지고 일어서기 수월하거든. 산골에서는 지겟다리가 길면 바위나 나뭇등걸에 걸리기 쉬워서 일부러 짧게 만들었어.

쓰임에 따라 달리 만든 지게도 있어. 쟁기지게는 논밭에 쟁기나 극젱이를 지고 다니려고 만든 것인데, 등태가 없고 지겟가지가 유난히 위에 붙어 있어. 거름을 옮길 때 쓰는 거름지게는 서서 지는 지게라서 지겟다리가 아예 없어. 대신 긴 막대기를 가로로 얹어 양쪽에 거름통을 걸 수 있게 만들었지.

발채와 지겟작대기는 지게와 단짝이야. 발채는 지게에 많은 짐을 실으려고 지겟가지 위에 얹는 큰 바구니야. 지겟작대기는 위쪽이 갈라진 기다란 막대기인데, 지게를 괴어 놓을 때 받치는 것은 물론 비탈을 내려갈 때는 지팡이 노릇을 해.

발채

발채는 지게 위에 펼쳐 얹고 짐을 담는 소쿠리야. 고장에 따라 '바소쿠리', '바다리', '바지게', '옹구발' 이라고도 불러. 나뭇단이나 볏단처럼 큰 짐은 지게에 바로 얹어 나를 수 있지만 작은 짐은 모아 담을 수 있는 그릇이 필요한데, 바로 그때 발채를 썼지. 밭에서 캔 고구마나 감자를 담아 나르고, 외양간 거름도 흘리지 않고 나를 수 있어. 콩이나 깨가 익으면 줄기를 베어 집으로 옮기는데, 이때도 발채를 쓰면 알갱이가 떨어질 걱정이 없지. 발채에 짐을 실을 때는 요령이 필요해. 양쪽 끝부터 번갈아 가면서 담아야 한쪽으로 허물어지는 일 없이 많이 실을 수 있지.

발채는 고장에 따라 만드는 재료와 생김새가 조금씩 다르지만 흔히 싸릿대나 대오리로 짜서 둥글넓적한 조개처럼 만들어. 부채처럼 접었다 폈다 할 수 있게 만들기도 했어. 양쪽에 끈으로 고리를 달아 지게에 거는데, 이렇게 하면 발채가 따로 놀지 않기 때문에 짐을 부리기도 좋고 지게를 지고 걸어 다니기도 좋아. 큰 짐을 실을 때는 고리를 풀어서 발채를 떼어 낼 수도 있고 말이야.

강원도 발채는 앞쪽을 뒤쪽보다 높게 만들어. 양옆으로 널찍해서 접을 수는 없지만 짐을 더 많이 실을 수 있지. 경기도 바닷가 마을에서 쓰는 발채는 '부게' 라고 달리 불러. 지게에 얹지 않고 바로 어깨에 멜 수 있게 네모꼴로 만드는데, 갯벌에서 잡은 조개를 담아 나르는 데 썼대.

발채에 얽힌 이야기 한 자락 들어 볼래? 어느 마을에 심보 고약한 꼴머슴이 있었대. 꼴머슴은 풀을 베어서는 발채에 꼭 거꾸로 세워 담았어. 이러면 풀이 많아 보이거든. 마을 사람들은 참 많이도 지고 다닌다고 칭찬이 자자했지. 하지만 소는 못 먹으니까 자꾸만 야위어 가는 거야. 결국 들통이 나서 꼴머슴은 마을에서 쫓겨나고 말았대. 아무리 좋은 연장이라도 쓰기에 따라 독도 되고 꿀도 되나 봐.

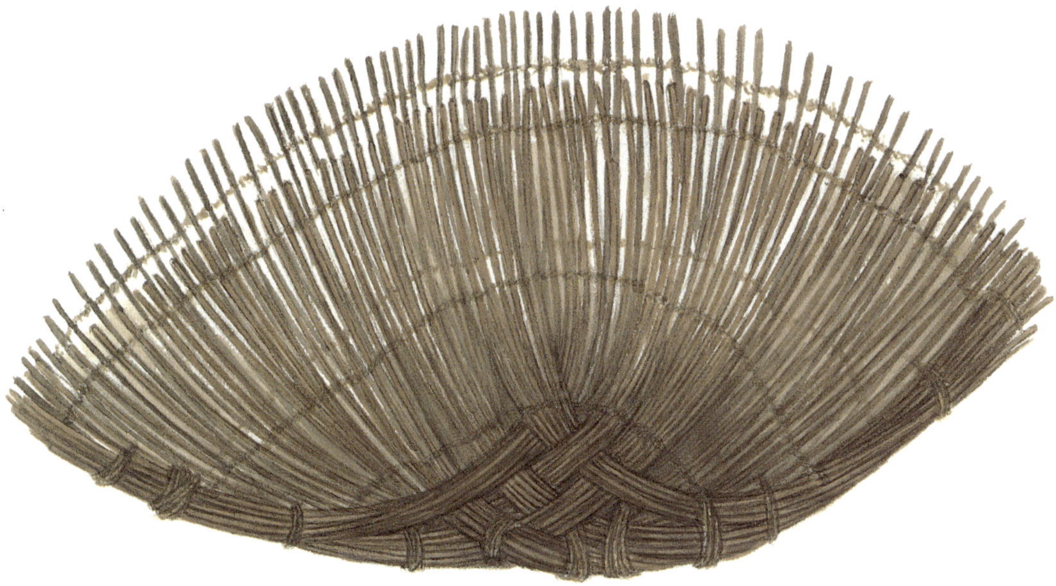

길마

소 등에 짐을 얹을 때 씌우는 틀을 '길마' 라고 해. 소 등은 둥글다 보니 맨 등에 짐을 얹고 몰면 짐이 곧 미끄러지거나 떨어지기 마련이야. 게다가 짐 때문에 소 등이 배기거나 다칠 수 있지. 그래서 사람이 소나 말을 탈 때 등에 안장을 씌워 자리를 만들듯 짐을 실을 받침대로 길마를 만들어 씌운 거야. 고장에 따라 '지르마', '질매' 라고도 했어.

말굽꼴로 다듬은 널빤지 두 개를 앞뒤로 세운 다음, 안쪽에 좀 더 가는 막대 두 개를 가로질러 박았어. 흔히 널빤지는 소나무를 쓰고 막대는 참나무나 밤나무, 박달나무를 써서 만들었지. 길마를 얹을 때는 소 등에 짚으로 멍석처럼 짠 방석인 걸언치를 깔았어. 등이 배겨서 아프지 않도록 말이야.

길마에서 제일 중요한 부분은 소 등 위에서 나무 판 두 개를 이어 주는 등 막대야. 길마가 소 등에서 움직이거나 떨어지지 않게 배를 감아 묶는 뜸새끼와 엉덩이에 돌려 묶는 껑거리끈이 모두 여기에 매여 있는 데다 짐 무게를 버티는 부분이기도 하거든. 소 배와 엉덩이를 끈으로 묶어 놓기만 해도 길마는 산더미 같은 짐을 잘도 받쳐 주었지.

흔히 옹구나 걸채 같은 것을 씌우기에 앞서 길마를 소 등에 미리 얹었어. 그래야 보다 많은 짐을 실을 수 있었거든. 하지만 다른 기구 없이 끈 양 끝에 짐을 단단히 묶은 다음, 길마 위에 걸쳐서 나르기도 했어. 이때는 싣는 짐 무게가 한쪽으로 치우치지 않도록 균형을 잘 맞추어야 해. 그렇지 않으면 길마가 짐 무게를 못 이기고 뒤집어지거나 소가 움직이기 불편해서 갑자기 몸부림치고 날뛸 수 있기 때문이야.

길마 위에는 거지게를 얹어 쓰기도 했어. 지겟가지처럼 두 갈래로 넓게 벌어진 나뭇가지를 길마 양옆에 얹은 다음, 무거운 통나무나 곡식 가마니를 실어 날랐지.

걸채

걸채는 길마 위에 얹어 짐을 나를 때 쓰는 도구야. 걸채라는 이름은 소 등에 걸치는 긴 나무 막대기라는 뜻이지. '발구', '발채', '베걸채' 라고도 불렀어.

언뜻 보면 생김새가 복잡한 것 같지만 크게 나무로 짠 틀에 새끼줄을 길게 늘어뜨린 모습이야. 소 등이 배기지 않게 먼저 멍석 같은 것을 깔고 길마를 얹은 다음, 그 위에 걸채를 걸쳤지. 볏단이나 보릿단처럼 부피가 큰 짐이나 장작 같은 땔나무를 나르는 데 많이 썼어. 줄 사이가 성기다 보니 길이가 긴 나무라도 얼마든지 실을 수 있었는데 한 번에 200~300킬로그램까지도 실었대.

걸채를 만는 방법은 간단해. 어른 팔뚝만 한 굵기에다 길이가 1.5미터쯤 되는 통나무 두 개를 가로로 놓은 다음, 비슷한 두께의 통나무 두 개를 길마에 걸칠 수 있을 만큼 사이를 두고 세로로 끼우면 틀은 다 된 거나 마찬가지야. ㅍ자 꼴을 이루면서 모두 세 칸이 생기지. 가운데 폭이 좁은 칸은 길마에 걸치는 부분이라 힘을 받기 때문에 그 힘을 나누려고 나뭇가지 두 개를 가로로 대기도 했어. 양쪽 칸에는 짐을 실을 수 있게 새끼줄을 여러 가닥 매어 늘어뜨렸어. 이렇게 늘어뜨린 줄을 '벼릿줄' 이라고 하는데, 여기에다 볏단 같은 짐을 싣는 거지.

어떤 고장에서는 짐을 싣기 수월하도록 새끼줄을 매고 그 늘어진 끝을 결어서 방석 같은 바닥을 만들었어. 띠나 억새로 짠 멍석 조각이나 거적으로 바닥을 대기도 했지. 이렇게 바닥이 있는 것을 따로 발채라고도 하는데, 걸채와 발채를 뚜렷하게 구별하지 않고 고장에 따라서는 서로 뒤섞어 부르기도 했어.

걸채의 다른 이름인 '발채' 는 지게 위에 얹는 소쿠리 이름이기도 해. 지게에 짐을 실을 때 흩어지기 쉬운 자잘한 짐을 담는 것으로 바소쿠리라고도 부르지. 농기구 이름은 고장에 따라 여러 가지로 불린 것이 많아서 전혀 다른 두 가지 농기구에 이렇게 같은 이름이 붙기도 했어.

옹구

옹구도 걸채처럼 길마 위에 얹어 짐을 나를 때 쓰는 도구야. 길마 위에 얹기 좋게 세 칸으로 나눈 나무틀도 걸채와 똑같지. 하지만 얼기설기 새끼줄을 늘어뜨린 걸채와는 달리 옹구는 나무틀 양쪽에 새끼줄로 촘촘히 엮은 망이 달려 있어. 생김새에서 알 수 있듯이 옹구는 자잘한 짐을 실을 수 있게 만든 운반 도구야. 감자, 고구마 따위를 캐서 옮기거나 자잘한 채소, 두엄처럼 흩어지기 쉬운 것들을 담아 나르는 데 많이 썼지.

옹구에 달려 있는 망은 나무틀에다 새끼줄을 촘촘히 얽어서 밑이 트인 망태처럼 만들어. 짐을 실을 때는 아랫단 끝을 기다란 나무 막대기로 꿰어 막는데, 망 안쪽을 바깥쪽보다 길게 짜서 바닥을 감싸도록 했지. 이렇게 아랫단 끝에 나무 막대기를 꿰어 쓰면 망에 담은 짐을 내릴 때 아주 편리해. 소 등 높이에서 자잘한 짐을 꺼내려면 힘들고 시간도 많이 걸려. 이럴 때 짐이 밑으로 빠질 수 있으면 훨씬 수월하겠지? 그래서 꿰어 놓았던 막대기를 쑥 빼내기만 하면 짐이 한 번에 아래로 다 쏟아져 나오게 만든 거야. 옹구는 막대기 하나로 힘 안 들이고 짐을 빨리 부릴 수 있는 지혜가 담긴 도구인 셈이지.

옹구는 고장에 따라 '원구', '망구' 라고도 불러. 농가월령가에서는 망구라고 나오지. 어떤 지방에서는 새끼줄로 엮은 망 대신 밑이 트인 가마니 두 짝을 나무틀 양쪽에 대어 쓰기도 했어. 물건을 담아 나를 때는 밑부분을 모아서 끈으로 졸라매었다가 짐을 부릴 때는 끈을 풀어서 짐을 아래로 내렸지.

옹구는 한 번에 100~150킬로그램이나 되는 큰 짐을 나를 수 있지만 다른 운반 도구와 마찬가지로 양쪽으로 잘 나누어 실어야 해. 그렇지 않으면 소가 균형을 못 잡고 뒤뚱뒤뚱 걷기 힘들어하기 마련이거든.

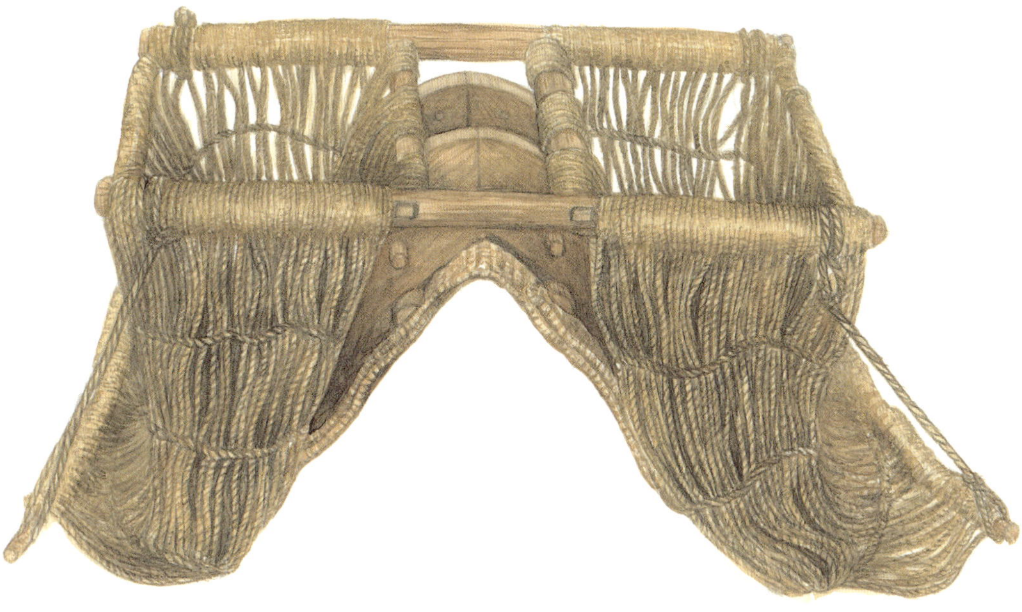

달구지

소나 말이 끄는 수레를 달구지라고 해. 우리나라에서는 옛날부터 소를 길러 농사일에 써 왔기 때문에 달구지를 끄는 일도 거의 소가 맡아서 했지. 곡식 가마니나 땔나무처럼 부피가 크고 무거운 짐을 한 번에 실어 나를 때 달구지는 꽤 쓸모 있는 농기구였어.

달구지는 널빤지를 이어 붙여 만든 짐칸과 바퀴로 이루어져 있어. 바퀴는 나무를 불에 구워 가며 둥글게 휜 다음, 쇠로 만든 테를 둘러 만들었어. 판판한 땅이 많은 남쪽 지방에서는 흔히 네발 달구지를 쓰고, 길이 가파르고 험한 산골 마을이나 북쪽 지방에서는 두발 달구지를 많이 만들어 쓴다지. 짐칸 앞쪽 양옆에는 소나 말한테 채울 수 있도록 '채' 라고 하는 기다란 나무 막대기를 이어 놓았어.

달구지로는 한 번에 1,000킬로그램쯤 되는 짐을 실어 나를 수 있어. 아무리 힘이 좋은 사람이라도 지게로는 100킬로그램도 지고 나르기 힘들어. 하지만 달구지는 힘센 소가 끄는 것이다 보니 실어 주기만 하면 아무리 멀고 험한 길이라도 짐칸에 편하게 앉아 갈 수 있었지.

우리나라에 수레가 처음 생긴 것은 아주 오래전일 것으로 짐작하고 있어. 고구려 옛 무덤 벽화에도 바퀴가 달린 수레가 나오니 말이야. 하지만 우리 조상들은 조선 시대까지도 수레를 널리 쓰지 못했어. 실학자들은 수레가 다닐 만한 길을 닦아야 한다고 주장했지만, 임금과 사대부들은 외적이 쳐들어오는 길을 열어 주는 것이라며 들은 척도 하지 않았거든. 결국 조선 시대까지도 수레는 거의 못 쓰고 짐을 모두 지게로 져 나르면서 농사를 지을 수밖에 없었지. 수레가 제대로 굴러다니기 시작한 것은 어이없게도 일본이 우리나라를 빼앗고 새 길을 내면서부터라고 해. 그때부터 달구지도 널리 쓰이게 되었던 거야.

논에 물을 대서 써레질을 한 다음 번지와 나래로 논바닥을 반반하게 골라 모내기를 해.

써레

써레는 흙덩이를 부수고 삶는 데 쓰는 농기구야. 칼로 썰듯이 흙을 잘게 썬다고 해서 써레라고 부르지.

봄철 쟁기로 애벌갈이를 한 논바닥은 사람이 걸음을 옮기기 어려울 만큼 울퉁불퉁해. 이 논을 판판하게 만드는 것이 써레가 하는 일이야. 논에 물을 대고 나서 한 이틀 지나 써레질하기 딱 좋을 만큼 논바닥이 물러지면 소를 부려서 써레질을 해. 몇 번이고 써레질을 해서 무논에 손이 푹푹 들어갈 정도가 되어야 모를 심을 수 있지. 이 일을 제대로 안 해 놨다가는 모심는 모꾼들한테 욕을 한 바가지 얻어먹기 마련이야. 물기 없이 딱딱한 논에서는 모심는 속도가 훨씬 더디고 위로 뜨는 모도 많이 생겨서 고생이 이만저만이 아니거든.

써레는 웬만큼 눈썰미가 있는 농부라면 직접 만들어 썼어. 그러다 보니 생김새도 저마다 조금씩 다르지. 흔히 몸통 길이는 어른 한 발 쯤으로 하고, 두툼한 통나무로 된 몸통에 길이가 30~40센티미터쯤 되는 써렛발을 열 개쯤 박아. 몸통 위에는 손잡이를 가로로 대었어. 몸통에서 앞으로 나온 긴 나무를 '나루채'라 하는데, 여기에 봇줄을 매어 소 몸에 건 멍에와 이어 주는 거야.

써레로 진흙 논을 썰다 보면 써렛발이 진흙 무게를 이기지 못하거나 돌처럼 단단한 것에 부딪혀서 잘 부러지곤 했어. 그럴 때는 써렛발이 땅속 깊이 들어가지 않도록 써렛발 앞에 댓조각이나 나뭇가지를 걸치고 했어. 써렛발이 잘 부러지지 않는 것은 물론 번지처럼 논바닥을 고르는 데도 도움이 되기 때문이야.

전남 보성에서는 써레 일이 끝나면 '써레 시침'을 해 왔어. 여럿이 칼국수나 팥죽을 끓여 나눠 먹은 다음, 한바탕 풍물을 울리면서 풍년을 빌었지.

고써레는 밭에 씨앗 심을 자리인 고랑을 내는 데 쓰는 써레야. 큼직한 발이 두 개 달려서 한 번에 고랑 두 개를 만들 수 있어. 콩이나 옥수수처럼 줄뿌림을 하는 밭에 많이 썼어.

나래

나래는 논밭을 판판하게 고르는 농기구야. 소한테 매어 끌기도 하고 사람들 여럿이 힘을 모아 끌기도 했어. 농기구 가운데 번지도 나래와 같은 일을 하지만 생김새나 쓰임새를 볼 때 나래가 좀 더 발전한 것이라고 할 수 있지.

널리 쓰인 나래는 써레와 닮은 꼴인데, 흙을 밀 수 있도록 발에다 널빤지를 두세 개 대었어. 게다가 손잡이가 따로 없고 끈만 하나 달려 있지. 땅이 잘 골라지도록 널빤지 위에 잔 나뭇가지를 엮어 대기도 하고, 넓적한 철판을 대기도 해.

나래 가운데 널빤지를 달아 만든 것은 '널나래' 라고 해. 널빤지를 밀고 앞으로 나아가면 울퉁불퉁 튀어나온 바닥이 밀리면서 매끈하고 반듯하게 바뀌지. 특히 딱딱하지 않고 높낮이 차이가 크지 않은 논바닥을 고를 때 쓰기 좋았어. 말린 곡식을 펴서 널거나 모을 때도 고무래 대신 쓸 수 있었고.

발에다 삽날을 여러 개 단 '삽나래' 도 있어. 홍수가 나서 논밭에 흙과 모래가 쓸려 들어가거나 시나브로 쌓인 흙무더기를 밀어 낼 때 썼지.

'발나래' 는 나래 가운데서도 눈에 띄어. 흙을 밀고 나가는 흙 판 앞쪽에 마치 쟁기에 달린 성에처럼 통나무가 있고, 이 통나무 아래 한 줄로 발을 여러 개 달았어. 그러니까 이 발들이 앞서 끌리면서 흙을 긁어 부수면 뒤에서 흙 판이 따라가면서 부서진 흙을 밀어 내는 거야. 발나래를 소가 끌 때는 통나무 위에 일부러 아이를 태웠어. 그러면 무게가 실려서 흙이 더 잘게 부서지는 데다 타는 게 꽤 재미있어서 우는 아이도 뚝 그치게 만들었거든.

나래는 높은 곳에 있는 흙을 낮은 데로 끌어내려 땅을 판판하게 만드는 걸기질을 할 때 많이 썼지. 논이나 밭을 새로 일굴 때 전체를 판판하게 만들자면 삽이나 괭이 하나로는 힘들거든. 집을 새로 지을 집터를 닦거나 보를 막을 때, 구렁을 메우는 데에도 나래는 꼭 필요한 농기구였어.

널나래

삽나래

번지

논을 써레로 썰어 나래로 고르고 나면 제법 판판해진 듯한 느낌이 들어. 하지만 흙이 부슬부슬한 데다가 논이 넓다 보니 한눈에 높낮이를 가늠하기가 어렵지. 이럴 때는 물을 잘박잘박할 만큼 대 보면 금방 어디가 높고 낮은지 알 수 있어. 높은 땅은 불쑥 나오고 낮은 땅은 물에 잠겨 버리거든. 이미 써레랑 나래로 삶아서 많이 차이도 안 나는데 괜찮지 않을까 생각했다간 큰일 나. 벼농사는 항상 물을 대는 것이 아니라 빼기도 해야 하는데, 나중에 벼가 여물 무렵 물을 끊었을 때 낮은 곳에 물이 고여 있으면 벼를 거두기가 힘들거든. 그뿐만 아니야. 높은 땅에는 물이 닿지 않아서 벼가 마르고 풀이 무성하게 자랄 수 있어. 그랬다간 일이 곱절로 늘어나지. 그래서 농부들은 번지를 써서 위로 불쑥 튀어나온 흙을 낮은 곳으로 끌어다 메워 주었는데, 이것을 '번지 치기' 라고 해. 농부들은 아무리 바빠도 모내기에 앞서 번지 치기를 꼭 해 주었어.

번지는 가로 120센티미터, 세로 30센티미터쯤 되는 기다란 널빤지를 써렛발 앞에 덧대어서 만들었어. 덧댄 널빤지는 마음대로 달았다 떼었다 할 수 있었지. 널빤지를 달면 번지고, 떼면 써레인 셈이야. 흔히 소가 끌었지만 사람이 어깨에 메어 끌기도 하고, 두 사람이 마주 서서 잡고 흙을 밀어 내기도 했지.

쓰임새로만 보면 번지와 나래는 아주 비슷해. 하지만 번지는 물을 대 놓은 논에서 많이 쓰이는 것이 나래랑 달라. 흔히 논을 삶을 때는 나래로 흙을 고른 다음 번지로 마무리를 해. 번지가 좀 더 곱게 땅을 골라 주기 때문이야.

번지는 무엇이든 판판하게 하는 데 쓰기 좋아서 이랑을 지어 놓고 난 뒤에 그 위를 고르는 데나, 씨를 뿌린 다음에 흙을 덮고 잡풀을 한쪽으로 밀어 내는 데 쓰기도 했어. 타작할 때 땅에 떨어 놓은 곡식을 긁어모을 때도 요긴하게 썼지.

경기도 반월에서는 널빤지를 따로 달지 않고 새끼를 써렛발에 칭칭 감은 번지를 쓰기도 했어.

못줄

논에 모내기를 할 때 모와 모 사이에 거리를 두고 반듯하게 맞추어 심으려고 쓰는 줄이 못줄이야. 두 사람이 논 양쪽 끝에 서서 못줄을 옮겨 꽂으면 모심는 사람들은 그 줄에 맞추어 모를 꽂지. 본디 우리나라에서는 '벌모 심기' 라고 해서 모를 못줄 없이 심었어. 그런데 일제 강점기에 일본인들이 들어와서 못줄 쓰는 법을 퍼뜨린 뒤로 지금까지 내려왔다고 해.

못줄은 땅에 잘 박히도록 끝을 날카롭게 다듬은 나무 막대 두 개에다 긴 줄을 묶어 만들어. 줄은 적당한 간격을 두고 매듭짓거나 색실로 묶어서 모를 심을 때 얼마나 거리를 두고 심어야 할지를 나타내었어.

못줄을 잡아 모를 심으면 좋은 점이 많아. 여러 사람이 같이 심으니 능률도 오르고 줄을 잡아 알려 주니까 심을 자리를 빠뜨리는 일도 없어. 벼를 거둔 다음 이모작으로 보리를 심을 때도 좋아. 벼를 베고 남은 그루터기를 따라 골을 타고 씨를 넣으면 바로 보리 골이 되어 김매기도 좋고 베기도 수월하지.

모내기를 할 때면 흔히 남자들은 모판에서 쪄 낸 못단을 논에 갖다 대 주고 여자들이 모를 심었어. 못줄을 잡는 못줄잡이는 아무나 할 수 있는 것이 아니었어. 모내기할 논 크기를 가늠해 못줄을 넘기는 눈썰미를 갖추는 것은 물론이고 목청도 좋아야 했지. 못줄잡이가 못줄을 넘길 때 이쪽에서 "어이!" 하면 저쪽에서 "어이!" 하고 소리를 받으면서 간격을 맞추어 옮겨. 모꾼은 이 소리를 듣고 모를 심어 나가기 때문에 못줄잡이 목소리가 우렁차야 하는 건 당연한 거지. 게다가 노래도 좀 하고 우스갯소리도 잘해서 하루 종일 허리 숙여 모를 심는 모꾼들을 즐겁게 일하도록 이끄는 것도 못줄잡이 몫이었어. 뛰어난 못줄잡이가 줄을 잡으면 모꾼들은 마음이 즐거워 힘든 줄도 모르고 일을 끝낼 수 있었던 거야.

살포

벼를 심어 놓은 논에 물을 알맞게 대는 일은 아주 중요해. 하지만 논에 물이 많다고 해서 늘 좋은 건 아니야. 벼가 어릴 때는 자주 물을 대었다 빼 주기를 되풀이해야 뿌리가 튼튼해지지. 경험 많은 농부들은 벼가 다 자라서 이삭이 여물고 고개를 숙일 때까지 물을 잘 맞추어서 풍년 농사를 지었어.

살포는 논으로 물을 들이고 빼는 길인 물꼬를 손보는 데 쓰는 연장이야. 고장에 따라 '살피', '물광이', '손가래', '살부채' 라고도 해. 길이가 2~3미터쯤 되는 긴 나무 자루에 삽날이나 괭잇날, 가랫날과 비슷한 쇠 날을 달아서 만들었어. 자루 길이가 길다 보니 논에 들어가지 않고도 도랑을 내고 물꼬를 트고 막을 수 있었지. 날 크기도 어린아이 손바닥만 한 것부터 꽤 크고 넓적한 것까지 있어서 물꼬 크기에 따라 알맞은 것을 골라 썼어.

나중에 살포는 쓰임새가 조금씩 바뀌었어. 사실 농부는 논 바깥에서 살포를 쓰는 것보다 바짓가랑이를 걷고 들어가 손으로 물꼬를 살피는 것이 훨씬 마음이 놓였거든. 게다가 물이 잘 드는 논도 많지 않아서 두레질로 물을 퍼 올려 농사를 짓는 터라 살포를 쓸 일도 별로 없었지. 그러다 보니 살포는 노인들이 논에 나갈 때 지팡이 대신 쓰기도 하고, 땅 주인들이 빌려 준 자기 논을 살필 때 들고 다니면서 거드름을 부리는 도구로 쓰이기도 했던 거야. 이런 까닭에 오늘날 남아 있는 살포 가운데에는 장식품처럼 아름답게 꾸민 것이 더러 있어.

우리 고유 농기구인 살포는 삼국 시대 때부터 써 왔어. 그 무렵 마을 우두머리의 무덤에서 나오기도 하고, 논농사를 많이 짓지 않았던 곳에서도 많이 나오는 것을 보면 오랜 옛날에도 농기구로서만 아니라 권위를 나타내는 물건으로도 쓰였음을 알 수 있지.

김매기와 새보기

호미
깍지
토시
낫
도롱이
태
물풀매

더위가 시작되면 김매기에 허리 펼 날이 없어. 그래도 고생 끝에는 호미씻이가 기다리고 있지.

호미

씨앗을 넣는 것부터 시작해서 농사짓는 데 필요한 일을 다 해낼 수 있는 농기구가 있다면 대단하겠지? 모든 일을 다 하지는 못해도 웬만한 일은 척척 해내는 농기구가 있으니 그게 바로 호미야. 작은 고추가 맵다는 속담처럼 한 손 안에 드는 작은 호미 한 자루만 있으면, 땅을 갈고 이랑 만들고 씨앗 넣고 북 치고 김매기까지 가을걷이에 앞서 해야 하는 온갖 농사일을 어렵지 않게 할 수 있어. "호미 끝에 백 가지 곡식이 열린다."는 말도 있잖아.

호미는 길둥근 나무 자루에 쇠 날을 박은 거야. 날은 흙을 파는 머리 부분과 목처럼 굽어서 나무 자루 속에 꽂히는 부분인 '슴베'로 되어 있어. 고장의 자연조건과 가꾸는 작물에 따라 조금씩 생김새가 다르기 때문에 그 가짓수가 수십 개가 넘어.

호미는 쓰는 곳에 따라 밭호미와 논호미로 나눌 수 있어. 논호미는 밭호미보다 날이 크고 많이 휘어 있어서 고랑을 뒤집어엎기에 좋아. 여러 사람이 두레로 김매기를 할 때 많이 쓰기 때문에 '두레 호미'라고도 불러. 호미를 쓸 때는 나무 자루에 짚을 감아 손에 쥐기 좋고 물이 묻어도 미끄럽지 않도록 했어.

생김새에 따라서는 보습꼴 호미, 세모꼴 호미, 낫꼴 호미로 나눌 수 있어. 보습꼴 호미는 쟁기에 달린 보습처럼 날 끝이 뾰족하고 위는 넓적해. 흙을 쉽게 뒤집을 수 있어 논처럼 곡식 포기 사이가 좁은 곳에 난 풀을 일일이 매는 데 쓰기 좋지. 세모꼴 호미는 밭농사가 많은 북쪽 지방이나 산골 마을에서 많이 썼어. 수수나 기장처럼 포기 사이가 넓은 밭고랑을 득득 긁어 풀을 매고 곡식에 흙을 돋우는 데 딱 알맞거든. 낫꼴 호미는 섬이나 산골처럼 자갈이 많은 곳에서 썼어. 땅에 돌이 많은 제주도에서는 낫이나 갈고리처럼 생긴 '골갱이'란 호미를 쓰기도 했지.

[논호미]

보습꼴 호미

우리나라 호미는 북쪽 지방으로 갈수록 날이 크면서 무겁고, 남쪽 지방으로 올수록 날이 뾰족하면서 작아. 지역마다 생김새가 다른 것은 우리나라 기후와 흙 성질이 다양하기 때문이야. 비가 적게 오는 곳에서는 풀도 천천히 자라기 때문에 김을 맬 때 바닥을 득득 긁어만 주면 돼. 그래서 호미가 무겁고 바닥이 넓은 것이 많지. 하지만 비가 많은 곳에서는 풀이 빨리 자라는 데다 뿌리도 깊어 땅을 깊게 파서 뿌리를 완전히 뽑아 주어야 해. 그래서 크기가 작고 날이 뾰족한 호미를 많이 썼던 거야.

호미는 가짓수가 많은 만큼 할 수 있는 일도 많아. 뾰족한 날로 굳은 땅을 찍어 부드럽게 부수고 깊숙이 박힌 풀뿌리를 캐지. 큼직한 날로는 땅을 갈기도 하고, 땅을 고르고 골을 타거나 씨앗을 뿌릴 구덩이를 파기도 해. 그뿐이 아니야. 감자나 고구마도 캐고 단단한 물건을 찍어서 쪼개거나 부술 수도 있어.

아주 오랜 옛날에 쓰던 호미는 날도 크고 자루도 길었어. 그때는 서서 호미질을 했거든. 오늘날에는 그런 호미는 찾아볼 수 없어. 자루가 짧고 날이 작은 호미로 쪼그려 앉거나 허리를 숙인 채 호미질을 하지. 호미질과 김매기가 차츰 여인네들 몫이 되면서 힘도 덜 들이고 쉽게 다룰 수 있도록 생김새가 바뀌었기 때문이야.

호미로 하는 일은 음력 7월 백중 무렵이면 얼추 끝나. 백중날에는 논매기가 끝났다고 '호미씻이' 를 했어. 모두들 여름내 들고 다녔던 호미를 씻어 걸어 두고 한바탕 풍물놀이를 하면서 그동안의 고단함을 잊었지.

[밭호미]

세모꼴 호미

낫꼴 호미

깍지

논에 난 풀은 여름 볕을 받으면 더욱 무섭게 자라나서 조금만 한눈을 팔아도 자기가 주인인 듯 온 땅을 뒤덮어 버려. 그 바람에 기르려고 심은 곡식은 양분이나 뻗어 나갈 자리를 풀한테 빼앗겨 시들해지고 말아. 그러니 농부들은 뙤약볕에 숨이 막혀도 허리 펼 새 없이 논매기를 할 수밖에 없었어.

흔히 논은 애벌매기부터 시작해서 두벌매기, 세벌매기까지 모두 세 번을 매. 애벌과 두벌, 두벌과 세벌 사이에 보름쯤 시간을 두지. 두벌매기까지는 호미를 써서 흙을 뒤집으면서 김을 매. 벼 포기가 덜 자란 때라 남은 땅은 거의 잡풀이 차지하고 있기 때문이야. 하지만 벼가 어느 정도 자라고 나면 잡풀 양도 줄고 자리도 좁아져서 호미로 막 매기가 힘들어. 그래서 세벌매기는 호미 대신 손으로 해. 키우는 곡식이 다치지 않도록 조심하면서 잡풀만 가려 뽑아야 하기 때문에 손으로 하나하나 매는 거야. 이때, 맨손으로 하면 손끝이 날카로운 풀이나 돌 때문에 다치거나 손톱 밑에 흙이 끼기 때문에 깍지를 끼고 했지.

깍지는 손가락 굵기만 한 대나무를 짧게 잘라 만든 물건이야. 바느질할 때 손가락에 골무를 끼는 것처럼 김을 맬 때는 열 손가락에 깍지를 끼지. 두벌매기까지 마친 농부들 손은 긁히고 갈라지고 물에 불어서 숟가락질을 제대로 하지 못할 정도가 되고 말아. 하지만 깍지 덕분에 세벌매기까지 큰 탈 없이 마칠 수 있었어.

딱딱한 대나무를 손가락마다 끼고 일을 하면 잘 빠지거나 불편하지 않을까 싶지만 그렇지 않아. 금방 손가락이 물에 불어서 꼭 맞게 되고 손끝이 덜 아프니까 김매기도 훨씬 잘할 수 있었지. 쓰고 난 깍지는 열 개 가운데 하나라도 없으면 안 되니까 줄줄이 사탕처럼 새끼줄에 꿰어서 잘 걸어 두었어.

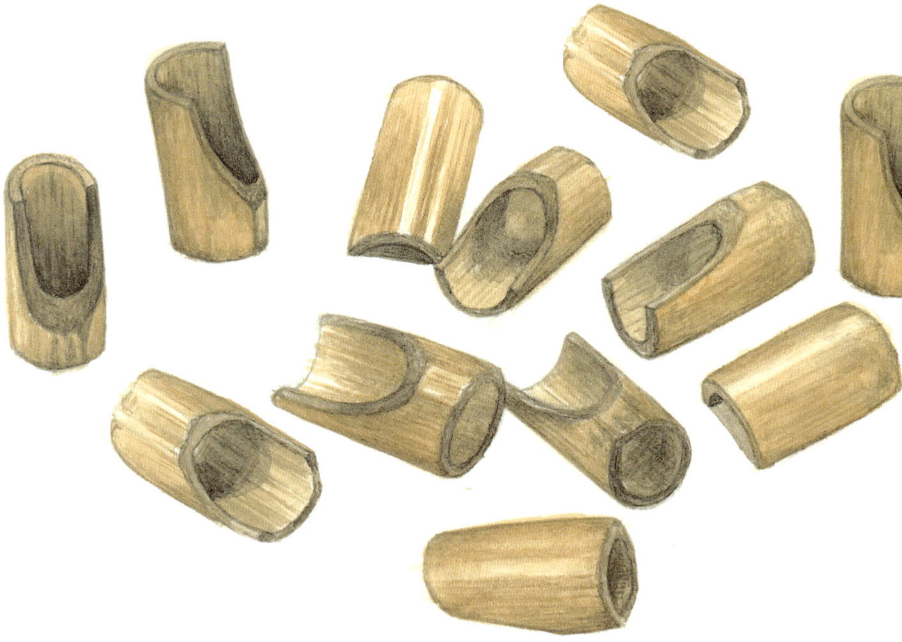

토시

토시는 논에서 김을 맬 때 양쪽 팔에 끼는 도구야. 한창 자라는 벼 잎이란 거칠면서도 가늘고 뾰족해서 맨살이 스치면 금세 피가 나기 마련이지. 그래서 농부들은 논을 맬 때 손목이나 팔이 다치는 일이 없도록 팔을 감싸 주는 토시를 꼭 끼고 했어.

토시를 만드는 방법은 간단해. 먼저 가늘고 곧은 대나무를 베어다가 팔뚝 길이만큼 잘라. 이것을 물에 잘 견디는 삼줄에 팔뚝을 감쌀 수 있을 만큼 꿴 다음 매듭을 지어서 마무리하면 되지. 대와 대 사이에는 가는 댓조각으로 만든 가락지를 끼워. 그렇게 하면 대가 너무 빽빽하지 않아 팔을 놀리기 편하기 때문이야.

대나무 대신 베로 만든 토시도 있었어. 대나무 토시보다 가볍기는 하지만 물에 젖으면 척척하고 고무줄이 없었을 때는 끈으로 묶어야 해서 잘 풀렸대. 그렇다고 끈을 세게 묶으면 팔을 놀리기가 힘들었지.

대나무 토시는 그런 불편함이 없었어. 그 시절 사람들 눈에는 꽤 잘 만들어진 발명품이었지. 그런데 대나무 토시는 오로지 논에서 김을 맬 때만 필요한 것이었어. 물이 닿지 않는 다른 일에는 오히려 거추장스러웠거든.

옛날 우리 조상들은 살을 드러내는 것을 부끄러운 일로 여겨서 무더운 여름에도 반소매 옷이 아닌 긴소매 옷을 입었어. 아랫도리도 발목까지 내려오게 입었지. 삼베로 만든 여름옷은 바람이 잘 통하고 시원하지만 김을 맬 때는 불편했어. 소매를 야무지게 걷어도 김을 매다 보면 금세 흘러내려 거치적거리고 억센 풀 줄기에 긁혀 옷이 상하곤 했지. 일할 때 끼었던 토시는 팔이 다치는 것을 막아 주는 것은 물론 긴 소맷부리가 해어지지 않도록 도와주었던 거야.

낫

낫은 곡식이나 풀을 벨 때 쓰는 연장이야. 가는 나뭇가지를 쳐서 땔감을 만들 때도 꼭 필요했지. 생김새가 ㄱ 자 꼴이라 "낫 놓고 기역 자도 모른다."는 속담이 나오기도 했어.

신석기 시대에 농사를 짓기 시작하면서 자연스레 낫을 만들어 쓰게 되었어. 처음에는 멧돼지 송곳니를 뾰족하게 갈아서 쓰다가 나중에는 돌로 만들어 쓰기 시작했지. 철기 시대부터는 쇠 낫을 썼는데, 날 끝이 둥그스름하게 아래로 휜 꼴이 지금 모습과 거의 비슷해.

낫은 가짓수도 많고, 쓰임이나 지방에 따라 생김새도 조금씩 달라. 낫에는 '조선낫'과 '왜낫'이 있는데, 흔히 낫이라고 하면 조선낫을 말하는 거야. 조선낫은 대장간에서 쇠를 불에 달군 다음 두드려 만들었어. 그래서 날이 두껍고 단단해. 슴베가 길고 날이 단단한 조선낫은 갈대 같은 억센 풀을 베는 데뿐만 아니라 나뭇가지를 치고 다듬는 데도 좋아 두루 쓰이지.

낫은 쓰임에 따라 '밀낫', '벌낫', '버들낫', '접낫' 들이 있어. 밀낫은 보통 낫과 달리 등에 날이 있어서 풀을 밀어서 벨 때 써. 벌낫은 날이 크고 자루가 길어. 두 손으로 쥐고 휘둘러 가며 베는데, 제주도에서 우거진 갈대를 벨 때 많이 써. 버들낫은 고리를 만들 때 쓰는 낫으로 날 길이가 짧아. 접낫은 날 끝이 안쪽으로 동그랗게 옥은 작은 낫이야.

낫이 이렇게 여러 가지 일에 쓰이다 보니 때맞추어 쓸 낫이 집집마다 여남은 개씩은 있었어. 날이 무뎌지거나 녹슨 낫은 숫돌에 잘 벼린 다음, 짚으로 만든 낫걸이에 꽂아서 잘 간수했지. 시골에 사는 아이들은 어릴 때부터 낫질을 배워 쇠꼴을 베러 다녔기 때문에 손가락 한 번쯤 베이지 않는 아이가 없었어. 한두 번씩 베이다 보면 더욱 조심하게 되고 솜씨는 늘어서 자연히 꼴머슴 깜냥은 되고도 남았던 거야.

왜낫은 조선낫보다 날이 얇고 슴베가 짧아. 가벼워서 쓰기에는 좋지만 날이 얇고 목이 부러지기 쉬워서 줄기가 부드러운 벼나 풀을 베는 데만 흔히 쓰지.

도롱이

도롱이는 갈풀이나 볏짚을 엮어 만든 비옷이야. '등구지', '느역' 이라고도 해. 옛날에도 물론 기름 먹인 종이로 만든 우산이 있긴 했지. 하지만 귀한 물건이라 아무나 함부로 쓰고 다닐 수는 없었던 거야. 그래서 흔히 도롱이를 입었지.

짚으로 만든 도롱이로 어떻게 비를 가릴 수 있을까 싶은 생각도 들지? 오십 년 전만 해도 산골이나 시골 마을에는 비 오는 날 도롱이를 입고 학교에 오는 아이들이 더러 있었어. 비가 몹시 오는 날이면 우산을 쓰고 온 아이들은 윗옷까지 흠뻑 젖었지만 도롱이를 입고 온 아이는 신기하게도 옷이 별로 젖지 않았지. 농부들은 비 오는 날 일하러 나갈 때 도롱이를 입었어. 비바람이 쳐도 옷이 젖지 않는 데다 소매가 없어서 엎드려 일하기도 편했거든. 게다가 겉옷을 입은 것처럼 따뜻하기도 해서 눈 오는 겨울날에도 웬만한 추위는 걱정 없었대.

도롱이 안쪽은 짚을 매끈하고 판판하게 엮고, 바깥쪽은 풀 줄기를 여러 겹으로 늘어뜨려 두툼하게 만들지. 이렇게 하면 빗물이 겉에만 흘러내리고 안쪽으로는 스며들지 않거든. 어깨에 두르는 것이라서 머리는 가릴 수가 없잖아. 그래서 도롱이를 입을 때는 머리에 삿갓을 써서 비를 막았어.

비닐로 만든 비옷이 나온 뒤에도 농부들은 한동안 도롱이를 입었어. 비닐 비옷이 가볍고 질기긴 해도 바람이 통하지 않아서 일을 하다 보면 온몸이 땀으로 젖거든. 하지만 만드는 품이 많이 들고 비에 젖으면 무거워지는 도롱이는 시간이 가면서 차츰 사라지고 말았지.

정성껏 잘 만든 도롱이는 나라에 진상품으로 올리기도 했어. 임금님이 입었다는 기록도 남아 있지. 임금님은 도롱이를 신하나 백성들한테 상으로 내려 주기도 하고 먼 길 가는 사신한테 주기도 했어. 도롱이만큼은 임금님부터 뭇 백성들까지 두루 쓰던 물건인 셈이야.

도롱이는 한 장으로 엮어 어깨에 두르게 되어 있어서 머리는 가릴 수가 없지. 그래서 도롱이를 입을 때는 머리에 삿갓을 썼대.

태

선선한 가을바람이 불어와 벼가 고개를 숙일 무렵이면 아이들이 도맡아 해야 하는 일거리가 있어. 그건 바로 논밭에서 곡식을 쪼아 먹는 새를 쫓는 일이야. 벼 익는 것은 사람보다 새가 먼저 안다고, 알이 차기가 무섭게 참새, 동박새, 비둘기 같은 온갖 새가 떼 지어 논으로 날아들어. 한 번 나락 맛을 본 새들은 훠이훠이 쫓는 시늉만 해서는 이리저리 자리만 옮겨 다닐 뿐 좀처럼 논에서 떠나지를 않아. 가만두었다간 한여름 땀 흘린 보람도 없이 쭉정이만 남게 될 거야.

태는 소리를 내서 새를 쫓는 짚으로 만든 기다란 채찍이야. 머리 쪽은 머리를 땋듯이 굵게 땋다가 꼬리 쪽은 새끼처럼 가늘고 길게 꼬아서 만들어. 둥그스름한 머리 쪽을 잡고 몇 번 힘껏 휘두르다 갑자기 반대쪽으로 잡아채면, 태 중간이 꺾이면서 '딱!' 하고 벼락 치는 것 같은 커다란 소리가 나거든. 이 소리에 놀라 새들이 날아가는 거야.

얼핏 보면 새 보기가 쉽고 재미있을 것 같지? 하지만 잠시를 가만히 못 있는 아이들한테는 무척 힘든 일이었어. 몇 번 논둑을 뛰어다니다 보면 새들은 흔적이 없고 그 뒤에 오는 심심함은 견딜 수가 없었지. 그래서 아이들은 새가 좀 뜸해졌다 싶으면 한곳에 모여 태질로 누가 더 큰 소리를 내나 내기를 했어.

농사일은 경험이 제일인데 태질도 마찬가지야. 태질을 한 번이라도 더 해 본 아이가 내기도 늘 이기기 마련이거든. 그런 줄도 모르고 눈치 없는 아이는 집에 가서 자기 것은 못 쓰는 태라고 투털대다가 새는 안 보고 놀았다고 꾸중을 듣기도 했지.

새를 쫓는 기구에는 '팡개' 도 있어. 길이가 50~60센티미터쯤 되는 대나무 끝을 십자꼴로 쪼갠 다음, 오므라들지 않게 쐐기를 박아 틈을 벌리고 끈으로 묶은 거야. 팡개 끝으로 흙을 찍어 뿌리면 새들이 놀라서 달아나지.

물풀매

머리 나쁜 동무더러 '새대가리' 라고 놀린다며? 하지만 벼가 익을 무렵 논에 내려앉는 참새들을 보면 여간 약은 게 아니야. 이 녀석들은 처음 몇 번은 사람이 고함을 지르면 날아가는데, 나중에는 아무리 태를 치고 팡개로 흙을 날려 보아도 저만치 가서 또 벼를 쪼아 먹는 거야. 마치 사람을 놀리는 것 같지. 물풀매는 이럴 때 참새들을 혼내 주기 딱 알맞은 도구야.

물풀매는 돌팔매질을 해서 새를 쫓는 도구인데, 흔히 삼끈처럼 질긴 노끈으로 만들어. 줄 한가운데 가는 끈으로 돌을 담는 오목한 망을 뜨고 양쪽으로 60~80센티미터쯤 되는 긴 줄을 달았어. 망에다가 돌을 앉힌 다음, 한 줄의 끝은 손바닥에 쥐고 고리가 달린 다른 한 줄은 집게손가락에 걸어 머리 위에서 빙빙 돌리다가 갑자기 한 줄을 놓으면 돌이 쏜살같이 날아가. 그러면 참새들이 놀라서 도망을 치는 거야. 고장에 따라 '팽매', '줄팽개', '줄팔매', '망팔매' 라고 달리 부르기도 했어.

아이들은 물풀매를 들고 새를 쫓으러 갈 때면 돌 주머니에다 작은 돌을 잔뜩 담아서 가. 가끔 진짜 새를 잡을 것처럼 제법 주먹만 한 돌을 가져가는 아이들도 있어. 하지만 어른들한테 들켰다간 혼쫄이 나지. 그렇게 큰 돌을 논에 던지면 벼가 다칠 수도 있거든. 또 겁을 주어서 새들을 쫓기만 하면 될 것을 생명까지 앗으려고 하는 건 지나치다고 생각하신 거야. 그래서 물풀매를 들고 논에 갈 때도 새를 쫓으러 간다고 하지 않고 새를 '보러' 간다고 했지. 우리네 농부들은 낟알 한 톨이라도 귀하게 여기고, 작은 생명도 아끼고 보살필 줄 알았던 사람들이었어.

조선 말기까지 전해 내려온 석전놀이에서 돌팔매질을 할 때도 물풀매를 썼대. 또 조선 후기 실학자 정약용은 이 물풀매를 가죽으로 만들어 무기로 쓰도록 했지.

가을걷이

개상
벼훑이
그네
탈곡기
부뚜
풍구
매통
토매
디딜방아
물방아
물레방아
연자방아

벼를 거두고 알곡을 떠는 일은 손이 많이 가고 힘도 들지만 온 식구가 달려들어 거뜬히 해냈어.

개상

흔히 벼를 거두어 낟알을 떨어내는 일을 두고 타작한다고 해. 우리말로는 '바심'이나 '마당질'이라고 하지. 탈곡기가 나오기 전에는 바심을 할 때면 단단한 통나무나 돌 위에 벼를 내려쳐서 낟알을 떨어냈어. 흔히 통나무 서너 개를 나란히 붙이고, 네 귀퉁이에 다리를 달아 기다란 의자처럼 만든 것을 많이 썼어. 이것을 개상이라고 하는데 고장에 따라 '채상', '태상', '타작대'라고도 해.

개상은 두세 명이 같이 쓸 수 있는 길이가 많지만 예닐곱 명이 한 번에 해도 될 만큼 긴 것도 있었어. 개상이 없는 집에서는 굵은 통나무를 그대로 놓거나 절구를 옆으로 눕혀 놓고 낟알을 떨어냈지. 가위다리처럼 벌어진 나무에 다리를 붙여 비스듬하게 세운 다음, 크고 넓적한 돌을 얹어 쓰기도 했어. 이 돌을 탯돌이라고 하지.

개상질이든 탯돌질이든 낟알 떨어내는 법은 똑같아. 먼저 바심 마당을 정하고 황토나 고운 논흙을 깔아 반반하게 다지거나 거적을 깔아. 그래야 벼에 돌이 섞이는 것을 막을 수 있거든. 그런 다음, 개상이나 탯돌을 놓고, 떨어낼 곡식 단을 어깨 위로 쳐들었다가 힘껏 내려치는 거야. 대여섯 번을 이렇게 메어치고 나면 낟알이 거의 다 떨어져 나와. 한 사람이 이렇게 개상질을 해서 바심할 수 있는 벼는 하루에 두세 가마 남짓 되었어.

조선 시대 화가 김홍도가 그린 풍속화 〈타작〉에서도 사람들이 개상질하는 모습을 볼 수 있어. 거둔 벼를 지게로 져 나르는 사람과 함께 볏단을 높이 들었다가 통나무 위로 내려치는 사람들이 나와. 개상질하는 사람들 옆에는 한 사람이 쪼그리고 앉아 볏단을 가지런히 묶고 있어. 벼를 후려치기 좋게 밧줄로 단을 묶어 주는 거지. 사람들은 일이 힘들면서도 뿌듯해하는 얼굴이야. 아마 농부들한테는 볏단을 내려칠 때마다 햇벼가 출출 털리는 걸 보는 게 가장 큰 즐거움이었나 봐.

벼훑이

벼훑이는 그야말로 벼를 훑어 내는 농기구야. 나중에 그네로 발전한 손홀태도 처음에는 벼훑이 가운데 하나였어. 두 갈래로 나뉘어 있다고 '가락 홀태' 라고도 하고 '손그네', '손홀깨', '홀태', '벼치기' 라고도 불러.

먼 옛날 처음 농사를 짓기 시작했을 때는 돌칼로 이삭 모개미를 잘라서 거두었대. 하지만 이 방법은 줄기와 껍질이 질긴 벼를 거둘 때는 마땅치가 않았지. 쌀보리나 수수 같은 곡식은 이삭째로 절구에 넣고 찧으면 줄기는 물론이고 껍질도 같이 벗겨지지만 벼는 그렇지 않거든. 그래서 손가락 사이에 넣고 이삭을 훑어 보았더니 썩 잘되지 않겠어? 이렇게 해서 태어난 농기구가 바로 벼훑이야.

벼훑이는 굵기와 길이가 비슷한 나뭇가지나 댓가지 두 개를 모아 한쪽 끝을 동여매어서 만들어. 그 틈에 벼 이삭을 끼워 쭉 훑어 내리면 낟알이 우수수 떨어지지. 거둔 벼를 바로 훑기도 했지만 먼저 개상질로 떨어낸 다음 다시 훑기도 했어. 벼 줄기가 워낙 질기다 보니 개상질을 아무리 열심히 해도 낟알이 조금씩 붙어 있거든. 얼마 전까지만 해도 시골에는 집집마다 벼훑이가 남아 있었어. 하지만 들이는 힘에 비해 얻는 양이 적다 보니 탈곡기가 그 자리를 대신하게 되었지.

벼가 익을 무렵, 배고프다 칭얼대면 할머니는 벼훑이를 다래끼에 담고 집을 나섰어. 논으로 간 할머니는 두 손을 모아 몇 번 절을 한 다음 그 중 잘 익은 벼 이삭을 골라 벼훑이로 훑었어. 이렇게 풋바심해 온 벼를 솥에다 쪄서 말린 다음 절구에 찧어서 찐쌀을 만들어 주셨지. 색이 누렇고 약간 말랑한 찐쌀을 꼭꼭 씹으면 입 안 가득 고소함이 퍼지는 것이 얼마나 맛있던지. 요즘도 시골 장에 가면 찐쌀을 팔아. 옛날 생각이 나 그 앞을 그냥 지나치지 못하고 기어이 한 봉지씩 사곤 하는데, 할머니가 만들어 주시던 그 맛은 안 나는 것 같아.

손홀태는 나무를 깎아 만든 벼훑이야. 한 손에 볏단을 쥐고 다른 손으로 손홀태를 쥔 채 머리카락을 빗겨 내리듯 벼 이삭을 훑으면 낟알이 떨어져 나와. 벼를 조금씩 거두어 떨어낼 때 썼어.

그네

그네는 벼 이삭을 훑어서 낟알을 떠는 농기구야. 훑어 내는 기구라고 '홀태' 라고도 하는데, 널빤지를 빗처럼 깎아 한 손으로 쓰는 손홀태에서 발달했어.

그네는 버팀대 위에 큼직한 빗을 붙인 것처럼 생겼어. 손홀태보다 훨씬 크고 빗살 개수도 많지. 발판을 밟고 볏단을 걸어 힘주어 당겨도 받침대가 이리저리 움직이지 않아서 좋고, 또 두 손을 모두 벼를 잡고 훑는 데 쓰니까 한 손만 쓰는 손홀태보다 손쉽게 더 많은 낟알을 얻을 수 있었지.

빗살은 처음에는 널빤지를 다듬어 만들었지만, 일제 강점기 때 쇠붙이 빗살과 나무에 굵은 철사를 촘촘히 박은 빗살이 일본에서 들어와 쓰이기 시작했어. 그것을 따로 일러 '쇠 홀태' 또는 '왜 홀태' 라고도 했지.

그네라는 이름은 조선 시대에 나온 《해동농서》라는 책에 처음으로 실렸어. 그때까지는 곡식을 떨어낼 때 개상이나 탯돌을 많이 썼지. 그러다 조선 후기에 들어 벼농사 기술이 많이 발달하면서 천석꾼, 만석꾼으로 불리는 쌀 부자가 많이 생겼어. 벼농사가 적어 타작거리도 얼마 안 되는 농부들은 여전히 개상질로 타작을 했지만, 쌀 부자들은 많은 벼를 타작할 새로운 농기구가 필요했던 거야. 그래서 궁리 끝에 그네를 만들었대.

그네가 널리 퍼지면서 곡식 거두는 풍경도 많이 바뀌었어. 품이 적게 들다 보니 사람들로 왁자지껄하던 타작마당 모습은 떨어낼 곡식이 많은 부잣집에서나 볼 수 있게 되었거든. 타작거리가 적은 집에서는 마당에 멍석 두어 닢 펴 놓고 식구끼리 벼를 떨었어. 아버지와 아이들이 볏단을 져 날라 주면 어머니는 갓난아기를 등에 업고서 그네질을 했지. 그때까지만 해도 여자가 힘든 바심을 하는 일은 거의 없었는데 말이야. 다루기 쉬운 그네가 한편으로는 여인들 삶을 더 고단하게 만든 셈이지.

탈곡기

우리 조상들은 1920년대까지만 해도 홀태와 개상으로 곡식을 떨었어. 그런데 뒤에 일제 강점기를 맞게 되자 일본은 우리가 거둔 쌀을 모조리 빼앗아 가려고 했지. 홀태나 개상질로 떠는 속도가 성에 차지 않았던 일본은 조금이라도 더 빨리 많은 양을 가져가려고 자기들이 쓰던 새로운 기계를 들여왔어. 그게 바로 탈곡기야.

탈곡기는 우리나라 농기구 가운데 처음으로 기계를 움직여서 그 힘을 쓰는 것이었어. 기계 앞쪽에는 둥근 통이 있는데, 겉에는 말굽꼴로 구부린 철사가 촘촘히 박혀 있지. 그 위에 볏단을 대고 뒤쪽에 있는 발판을 발로 밟으면 그 힘을 받은 통이 빠르게 돌면서 낟알을 떠는 거야.

처음에는 일본인 땅주인들만이 탈곡기를 썼어. 값이 비싸다 보니 겨우 먹고살 만큼 농사짓는 우리나라 사람들은 쓸 수가 없었지. 해방이 되어 일본 사람들이 탈곡기를 두고 가자 그제야 널리 쓰기 시작했대. 탈곡기를 쓰면서부터 농부들은 일하기가 훨씬 수월해졌어. 개상이나 홀태로 하는 것보다 같은 시간에 네다섯 배 많은 낟알을 얻을 수 있으니, 농사를 웬만큼 짓는 집은 하루 안에 타작을 끝낼 수 있었거든.

두 사람이 쓰는 탈곡기가 나오면서부터는 일하기가 한결 더 수월해졌지. 흔히 두 사람이 나란히 서서 발판을 밟으면서 통 위쪽에 볏단을 먹여. 한 사람이 애벌 떨이를 해서 넘겨주면 다른 사람이 남은 이삭을 마저 떨었어.

타작하는 날은 아이들도 학교에 가지 않고 일하는 때가 많았어. 볏단도 치우고 잔심부름도 해야 하거든. 바쁜 가운데서도 아이들은 탈곡기를 써 보고 싶어서 어른들을 졸랐어. 발판을 밟는데 통이 돌아가는 것도 신기하고, 통이 돌면서 애롱애롱 소리를 내는 것도 재미있었기 때문이야.

부뚜

부뚜는 곡식을 담고 흔들어서 곡식에 섞인 쭉정이와 검불, 먼지 따위를 날려 없앨 때 쓰는 기다란 자리야. 고장에 따라 '부투', '부뚝', '풍석' 이라고도 불러.

왕골과 짚으로 자리를 짜서 만드는데, 돗자리나 짚자리와는 생김새가 달라. 가로 길이가 아주 길어서 1.5~2미터쯤 되고, 세로 길이는 50~60센티미터쯤이지. 양쪽 끝에는 나무를 깎아 손잡이를 다는데, 이것을 '부뚜손' 이라고 해.

부뚜는 풍구가 나오기 전에 농가에서 알곡을 고르는 데 많이 썼어. 키도 옛날부터 썼지만 곡식을 한꺼번에 많이 고를 때는 부뚜가 쓰기 좋지. 그런데 혼자서도 할 수 있는 키와는 달리 부뚜는 두 사람이 있어야 해. 먼저 한 사람이 양손으로 부뚜손을 잡고 부뚜 가운데를 한쪽 발로 살짝 밟아. 그런 다음 마치 나비가 날갯짓을 하듯 부뚜를 흔들어 움직이거나, 손뼉 치듯이 부뚜 양 끝을 모았다 펼쳤다 하면서 바람을 일으키는 거야. 그러면 다른 사람이 그 앞에서 곡식을 삼태기에 담아 천천히 내리거나 넉가래로 퍼 던져서 검불을 날렸어. 이렇게 부뚜로 검불을 가려내는 일을 '부뚜질' 이라고 불러.

부뚜질을 할 때는 팔을 힘차게 움직여야 검불이나 먼지가 멀리 날아가. 두 사람이 힘을 모아 함께 하면 한 시간에 벼 서너 가마도 너끈히 고를 수 있어. 부뚜질은 바람이 불 때를 기다렸다가 바람 부는 쪽을 보고 하면 더욱 손쉽게 할 수 있어. 부뚜질 한 번에 힘없이 날려 가는 검불을 보면 마음까지 후련해지지.

조선 시대 박제가가 쓴 《북학의》에서는 부뚜를 설명한 것으로 짐작되는 글이 나와.
「우리나라에서 벼를 모아 까부르는 것을 보면 바람맞이에서 날리거나 긴 돗자리의 한복판을 밟은 다음 양쪽 끝을 들고 맞두드린다. 몇 사람의 힘으로 하루 종일 10여 섬의 곡식을 까불러도 또한 깨끗하지 못할까 걱정이다.」

풍구

곡식을 타작하면 낟알과 함께 검불이나 속이 빈 쭉정이도 같이 섞이기 마련이야. 농부들은 이런 것들을 가려내고 잘 여문 알곡만 남기려고 바람을 썼어. 타작이 끝나면 타작마당에서 바람이 부는 쪽으로 곡식을 날려. 그러면 무거운 알곡만 아래로 떨어지고 가벼운 검불과 먼지, 잡티는 바람에 날려 멀리 떨어지지. 그걸 비질을 해서 살살 쓸어 내면 알곡만 남는 거야.

하지만 바람이 언제나 알맞게 불지는 않아. 바람이 너무 세게 불어서 잘 여문 알곡까지 날려 버릴 수도 있고, 온종일 서 있어도 바람 한 점 없는 날도 있어. 그래서 농부들은 바람을 일으켜 알곡을 골라낼 수 있는 농기구를 여러 가지 만들어 썼어. 그 가운데 풍구는 크기가 가장 크고 발달된 기구야. 고장에 따라 '풀무' 나 '풍차' 라고도 불렀지.

풍구로 알곡을 고를 때는 먼저 제일 위에 있는 곡식 넣는 구멍에 곡식을 쏟아 부어. 그런 다음 손잡이를 잡고 돌리면 안에 있는 바람개비가 돌아가면서 검불이나 먼지가 중간에 있는 검불 나가는 구멍으로 나가게 돼. 그리고 가려진 알곡만 제일 아래에 있는 낟알 나오는 구멍으로 나오는 거야. 중간에는 조절 장치가 있어서 곡식 넣는 구멍에서 곡식이 내려오는 빠르기를 맞출 수 있어. 풍구질을 잘하려면 처음에는 천천히 돌리면서 내려오는 곡식 양과 바람 세기를 잘 가늠해야 해. 검불이 나가는 곳에 손을 대 보아 알곡까지 빠져 나가지 않는지도 살펴야 하고. 검불은 싹 날아가고 깨끗하게 가려진 곡식이 수북하게 쏟아지는 걸 보면 마음이 절로 뿌듯해져.

조선 시대 박지원이 시험 삼아 풍구를 만들었다는 기록이 있어. 하지만 시골에서 얼마 전까지 많이 쓰던 풍구는 일제 강점기에 일본에서 들어온 것을 고쳐 만든 거야.

매통

매통은 벼 껍질을 벗기는 도구야. 통나무 두 짝을 세로로 겹쳐 세워 놓고 나무 사이에 벼를 넣은 다음 위짝을 돌려 비비면 껍질이 벗겨지고 하얀 쌀이 되어 나오지. 고장에 따라 '매', '통매', '나무매' 라고도 불렀어.

흔히 100년 넘도록 자란 굵고 단단한 소나무를 잘라서 만들어. 위짝은 벼를 내려보내는 위쪽과 아래짝과 맞닿는 아래쪽을 모두 움푹 판 다음, 가운데에는 벼가 흘러 내려갈 수 있도록 지름 5센티미터쯤 되는 구멍을 뚫지. 마치 깔때기처럼 말이야. 아래짝은 위짝과 맞물려 돌아가도록 봉긋하게 다듬고 가운데에는 위짝 구멍에 넣을 수 있도록 나무 기둥을 박아. 이 기둥은 위짝이 아래짝과 어긋나지 않게 붙잡아 주는 구실을 하지. 이렇게 한 다음 위짝 구멍에 벼 낟알을 부어 주면 벼가 자연스럽게 흘러내리면서 갈리는 거야. 두 짝이 서로 맞닿는 면은 톱니 꼴로 날카롭게 깎는데, 벼가 여기에 닿아 비벼지면서 껍질이 잘 벗겨지게 돼.

한 번에 매통 구멍으로 들어가는 벼 양은 한 말을 넘지 않았어. 삼태기 같은 데 담은 곡식을 붓고 손잡이가 달린 위짝을 살짝 내리누르면서 왼쪽, 오른쪽으로 돌리면, 벗겨진 껍질과 쌀이 섞여서 맞물린 틈 사이로 흘러내렸지. 바닥에 깔아 둔 도래방석이나 맷방석에는 껍질과 낟알이 차곡차곡 쌓였어.

매통은 부자보다는 가난한 사람들이 많이 썼어. 왕겨만 벗겨 낸 매조미쌀* 로 밥을 지으면 까끌까끌하고 풀풀 날리긴 해도 양은 더 많아지거든. 부자들은 속껍질까지 다 벗겨 내 흰 쌀밥을 먹었지. 생각해 보면 가난한 사람들이 몸에 더 좋은 현미로 밥을 지어 먹은 셈이야.

*매조미쌀 : 벼를 토매나 매통에 넣고 갈아 겉에 있는 왕겨만 살짝 벗긴 쌀.

토매

조금씩 쌀을 찧어 먹던 옛날에는 집집마다 매통을 두고 썼어. 하지만 굵은 통나무를 구하기 힘든 곳에서는 매통을 만들 수가 없었지. 대신 흙으로 매통과 비슷한 토매를 만들어 곡식을 찧었어. 조선 후기 유중림이 쓴《증보산림경제》에 토매의 생김새나 쓰임새에 대한 설명이 있는 것으로 미루어 보아 조선 시대에 이미 널리 쓰이고 있었던 것을 알 수 있어.

토매도 매통처럼 몸통이 위아래 두 짝으로 이루어져 있어. 버들가지나 댓가지로 둥글게 울을 엮고 그 안에다 나무쪽을 가로세로로 짜 넣은 다음, 그 사이사이에 진흙을 채워 넣어 만들었어. 진흙을 층층이 쌓아 올릴 때마다 메질을 해 주면서 말리면 돌처럼 단단해지는 성질을 써서 토매를 만들었던 거야. 진흙 사이에는 쪼갠 대나무를 촘촘하게 세로로 박아 넣어 곡식을 가는 이빨로 삼았어. 대나무 이빨은 매통의 파인 홈 구실을 했지.

매통처럼 위짝과 아래짝이 서로 틀어지지 않도록 위짝을 아래짝 가운데에 있는 나무 기둥에 맞추어 끼우고, 위짝에는 두 손으로 잡고 토매를 돌릴 수 있게 기다란 손잡이를 달았어. 위짝 구멍에 벼를 붓고 손잡이를 돌리면 가운데에 뚫린 구멍으로 곡식이 빠져 내려가. 그러면 위짝과 아래짝에 박은 대나무 이빨이 맞닿아 비비면서 벼 껍질을 벗기는 거야. 토매 아래에는 도래방석이나 맷방석을 깔아서 찧은 쌀이 고스란히 쌓이도록 했어.

매통은 두 사람이 제자리에 서서 왼쪽, 오른쪽으로 번갈아 돌리는 데 비해, 덩치가 크고 위짝이 무거운 토매는 두 사람이 함께 손잡이를 잡고 한쪽으로만 밀어 돌렸지. 매통보다 크기가 커서 한 번에 더 많은 쌀을 찧을 수 있지만 대나무 이빨이 빨리 닳아 무디어지는 것이 흠이었어. 그때마다 대나무를 깎아 다시 박아 주어야 했지. 그런 까닭에 대나무가 많이 자라는 남쪽 지방에서 흔히 썼대.

디딜방아

옛날에는 집집마다 디딜방아 하나쯤은 있었지. 벼는 그때그때 조금씩 찧어 먹어야 맛이 있거든. 아낙네들은 쿵더쿵쿵더쿵 방아를 찧어서는 벼, 보리 같은 곡식들 껍질을 벗기고, 밀과 콩 들을 찧어 고운 가루로 만들었어. 방앗다리를 발로 디뎌서 곡식을 찧는다고 '디딜방아' 라고 불러. '발방아' 라고 부르기도 해.

디딜방아는 사람이 방앗다리를 밟으면 그 힘을 받은 공이가 위로 올라갔다 떨어지면서 확 속에 담긴 곡식을 찧게 만든 거야. 밟는 힘으로 공이가 움직이니까 손으로 들고 내려치는 절구보다 수월하고 훨씬 곱게 찧을 수 있지.

디딜방아에는 외다리방아와 양다리방아가 있어. 외다리방아는 방앗다리가 하나야. 담징이 일본에 외다리방아를 전했다는 이야기를 볼 때, 이미 고구려 때에 널리 썼던 걸 알 수 있어. 농업이 발달하고 방아 찧을 거리가 많아지면서 외다리방아는 보다 많은 양을 찧을 수 있는 양다리방아에 자리를 비켜 주었지.

양다리방아는 조선 시대에 들어서면서 많이 쓰기 시작했어. 한 사람이 밟는 외다리방아와 달리 방앗다리가 두 갈래로 갈라져 있어 두 사람이 함께 밟으니 빠르고 쉽게 방아를 찧을 수 있지. 흔히 디딜방아라고 하면 이 양다리방아를 말하는 것인데, 우리나라에서만 볼 수 있대.

디딜방아를 쓸 때는 쓰임새에 따라 방앗공이도 맞추어 썼어. 곡식 겉껍질을 벗길 때는 무게가 덜 나가는 소나무 공이를 쓰고, 가루로 잘게 빻을 때는 무거운 참나무 공이나 돌로 만든 공이를 썼지. 디딜방아 옆에는 늘 작은 빗자루를 두었어. 방앗다리를 밟아 공이가 올라가는 틈에 확 바깥으로 튀어나온 곡식을 확 속으로 쓸어 담았지. 방앗다리를 밟는 일이나 곡식을 쓸어 담는 일이나 힘든 건 매한가지였지만, 아낙네들은 이야기꽃을 피우며 즐겁게 방아 일을 했어.

외다리방아

양다리방아

물방아

소나무가 한 이백 년쯤 자라면 둘레가 어른 한 아름은 넘게 돼. 물방아는 이처럼 큰 소나무로 만든 방아야. 굵고 긴 통나무 한쪽을 네모나게 파서 물이 담기도록 하고, 반대쪽에는 방앗공이를 달아 만들어. 방앗공이는 방앗간 안에 두고 공이 아래에는 찧을 곡식을 담을 돌절구를 두거나 돌확을 땅에 묻었지. 도랑에서 쏟아지는 물이 물통에 가득 차면 그 무게 때문에 물통이 아래로 내려가고, 맞은편에 있는 공이는 위로 올라가게 돼. 아래로 내려간 물통의 물이 쏟아지면서 저절로 비워지면 들렸던 공이가 동시에 '쾅!' 하고 돌확에 떨어지면서 곡식을 찧는 거야. 마치 한쪽이 물통이고 한쪽이 공이인 시소처럼 말이야.

물방아는 곡식만 돌확에 넣어 두면 사람이 없어도 하루 종일 스스로 움직이면서 곡식을 찧었어. 벼, 보리, 기장, 조, 옥수수 같은 곡물을 찧는데, 물이 많을 때는 벼 두 가마 정도는 너끈히 찧었지. 사람 힘으로만 찧던 방아를 물의 힘을 이용하여 손쉽게 찧게 되었으니 물방아는 대단한 발명이었던 셈이야.

물이 풍부하고 큰 소나무가 있는 산골 마을에는 물방아가 많았어. 한 마을에 서너 군데씩 있기도 했지. 큰 나무가 없는 데서는 널빤지를 켜서 물통을 만들었대.

고장에 따라 물방아를 '통방아' 나 '벼락방애' 라고도 불렀어. 산짐승이 곡식에 피해를 많이 주는 고장에서는 공이 끝에 양철통을 달아 쾅쾅 벼락 치는 소리를 내어 짐승을 쫓기도 했기 때문이야.

하지만 물레방아가 생겨나면서 물방아는 차츰 사라질 수밖에 없었어. 물을 담고 쏟는 데 시간이 걸리기 때문에 디딜방아보다도 더디게 방아를 찧는 데다가 가물거나 물이 어는 겨울에는 쓸 수가 없거든.

물레방아

물이 떨어지는 힘으로 큰 나무 바퀴를 돌려 방아를 찧는 물레방아는 이름처럼 바퀴가 물레를 닮았어. 물로 돌리는 바퀴라고 '수차' 라고 부르기도 하지.

물레방아를 돌리려면 먼저 물을 끌어와야 해. 보를 만들 골짜기가 바로 옆에 있으면 좋지만 멀리 있어도 물도랑을 길게 내서 끌어다 썼어.

물레방아 바퀴 한가운데에는 기다란 굴대*가 박혀 있어. 이 굴대는 방앗간 안까지 뻗어 있지. 굴대에는 '발' 이라고 하는 누름대가 붙어 있는데, 바퀴가 돌면 발은 방앗공이를 잡았다 놓았다를 번갈아 하지. 그러면 방앗공이가 오르내리며 방아를 찧는 거야. 물이 많고 물살이 세서 물레방아가 잘 도는 곳에서는 방앗공이를 두 개씩 달아서 더 많은 곡식을 찧기도 했어. 물레방아로 벼를 찧으면 한 시간에 한 가마는 거뜬히 찧을 수 있었대.

똑같은 물레방아인데 물이 바퀴 밑으로 흘러가는 힘으로 돌아가는 '밀방아' 라는 것도 있어. 밀방아는 보통 바퀴를 방앗간 안에 두었어.

물레방아는 설치하기도 어렵고 물도 많이 필요하지만 보를 만들어 물을 가두었다가 끌어다 쓸 수 있어서 좋아. 물방아와는 달리 물이 어는 한겨울 빼고는 일 년 내내 쓸 수 있거든. 방아가 놓인 곳은 벽을 두르고 지붕을 얹어 물레방앗간을 만들었어. 흔히 마을 끝이나 외진 곳에 많았던 탓에 그에 얽힌 재미있는 이야기도 많지. 한밤중에 물레방앗간을 지나가는데 바퀴가 돌면서 '끼익, 끼익' 이상야릇한 소리를 내다가 공이가 '쿵!' 하고 떨어지기라도 해 봐. 간이 다 오그라들 법도 하지 않아? 또 밤에는 방아 찧는 사람이 없다 보니 지나가던 길손이나 각설이패가 하룻밤 머물다 가기도 하면서 재미있는 사연들을 남기기도 했던 거야.

* 굴대 : 수레바퀴 한가운데에 뚫린 구멍에 끼우는 긴 막대. '축' 이라고도 한다.

연자방아

물을 끌어다 물레방아를 돌릴 수 없는 고장에서는 말이나 소가 끄는 연자방아로 방아를 찧었어. 둥글고 판판한 밑돌에 그보다 작고 둥근 윗돌을 세로로 세워 얹는데, 두 돌이 맞물려 돌아가면서 방아를 찧는 것이 맷돌과 닮았다고 '연자매' 라고도 불러. 돌로 만들었다고 '돌방아' 라고 부르기도 하지.

윗돌은 한가운데에 구멍을 뚫어 참나무같이 단단한 나무로 만든 굴대를 끼운 다음, 밑돌 한가운데에 박아 세운 방아 기둥에 연결했어. 윗돌은 안쪽 지름보다 바깥쪽을 조금 크게 만들어서 언제나 방아 기둥을 중심으로 안쪽으로만 돌게 했지. 윗돌의 나무틀 한쪽에는 기다란 막대기가 달려 있어. 이것을 소나 말이 끌면서 방아 둘레를 돌면, 방아 기둥을 중심으로 윗돌이 빙글빙글 따라 돌면서 방아를 찧는 거야. 방아를 찧을 때 곡식이 밖으로 튀어 나가지 않게 밑돌 가장자리에는 돌과 흙으로 담처럼 둘레를 덧쌓기도 했지.

방아를 찧을 때는 한 사람이 소나 말의 고삐를 잡고 앞에서 끌면 다른 한 사람은 뒤를 따르면서 넉가래로 곡식을 뒤집었어. 길이 잘 든 짐승은 끄는 사람 없이도 스스로 끌기 때문에 한 사람만 있어도 충분히 방아를 찧을 수 있었지.

연자방아는 마련하기도 어렵고 또 워낙 덩치가 크다 보니 마을마다 너른 터에 하나씩 두고 같이 썼어. 비나 햇빛을 가릴 수 있게 볏짚으로 지붕을 이거나 방앗간을 만들어 놓고 그 안에 두었지.

연자방아는 한꺼번에 많은 곡식을 찧기에는 좋지만 잘 찧어지지 않아서 품이 여간 많이 드는 게 아니었어. 벼 한 가마를 찧는 데에 두 시간이 더 걸렸다니까. 그래도 사람들은 일 년에 한 번씩 돌을 쪼는 매죄료장수를 불러 매를 쪼고 나무틀을 갈아 끼우면서 연자방아를 오래 두고 썼어.

겨우살이

타작한 벼는 섬에 담아 곳간에 두거나 마당에 세운 나락뒤주에 잘 갈무리해.

발

산골 마을 사람들한테 산나물은 큰 살림 밑천이었어. 새벽이면 너 나 할 것 없이 산으로 가 온종일 산기슭을 오르내리며 나물을 뜯었지. 나물을 팔아 모자라는 양식을 사야 하니까 허리 펴는 시간도 아까워할 정도였어. 해 질 무렵 산을 내려오는 사람들 망태기에는 산나물이 그득했어. 하지만 아직 일이 끝난 것이 아니야. 나물이 시들기 전에 데쳐 널어야 하거든. 이때 썼던 것이 바로 발이야. 데친 나물거리를 널 때 까는 자리인데, 고장에 따라 '발대', '통살', '지릅 방석' 이라고도 불렀어.

먼저 나물거리는 끓는 물에 살짝 데쳐 찬물에 헹구고 손으로 눌러 짜서 물기를 거두어야 해. 햇볕 좋은 곳에 통나무를 받치고 그 위에 깨끗이 씻은 발을 편 다음, 나물을 펴서 너는 거야. 그러면 물기가 발 틈새로 다 빠지면서 나물이 꾸덕꾸덕 마르기 시작하지.

멍석과 도래방석, 거적에도 나물을 널 수는 있지만 발만큼 바람이 잘 통하거나 물이 잘 빠지지는 않아. 나물 때깔을 좋게 만들어 좋은 값을 받으려면 무엇보다 발 위에 말리는 게 최고였지. 그래서 산골 마을에서는 멍석은 귀해도 어느 집이든지 발은 넘치도록 많이 있었어.

마을 앞 들이 넓어 짚으로 짠 멍석이 흔한 곳에서도 발은 꼭 두었어. 들에서 나는 고구마 순과 잎, 고춧잎도 데쳐 말리고, 가을이면 고구마, 가지, 호박, 무 들을 썰어 말려 고지를 만드는 데도 발이 꼭 필요했기 때문이야. 햇볕에 말린 나물과 고지들은 겨우내 든든한 반찬거리가 되어 주었지.

발의 너비는 1~1.5미터쯤으로 어느 고장이나 비슷해. 발 만드는 재료인 갈대, 조릿대, 싸리, 쑥대 길이가 딱 그만큼이었거든. 가는 나뭇가지들을 질긴 삼노끈으로 엮어 만들기도 했지.

거적

세상살이에 멋지고 빛나는 것만 있으면 어떻게 될까? 보기에 그럴듯하고 멋진 일을 하는 사람만 있고 안 보이는 곳에서 궂은일을 하는 사람이 없다면, 이 세상은 며칠 못 가 엉망이 되고 말 거야. 농기구도 마찬가지야. 쟁기나 수레같이 사람들이 아끼는 농기구도 중요하지만 허섭스레기처럼 아무 데나 내팽개쳐 두는 농기구라도 반드시 필요한 데가 있기 마련이지. 거적도 겉보기에는 거칠고 볼품없지만 쓰임새가 아주 많아.

거적은 짚을 성기게 엮어 만들어. 굵은 밑동이 바깥으로 나오고 가느다란 위쪽은 안으로 들게 가지런히 추려서 섬틀에 걸어 짜. 겹으로 엮어 짜는 멍석이나 날줄을 촘촘히 넣어 만드는 발보다 품을 덜 들여서 듬성듬성 거칠게 만들지.

이렇게 막 만든 거적이지만 농사를 지어 먹고사는 데에는 꼭 필요했어. 성기게 짠 탓에 곡식 낟알은 못 널어도 고추나 시래기처럼 큼직한 것을 널어 말려 먹을거리를 준비할 때는 거적만 한 것이 없었거든. 바깥에서 김장을 할 때는 거적 위에 다듬은 무와 배추를 차곡차곡 쌓아 놓았고, 김장 김치가 추위에 얼지 않도록 땅에 묻은 김칫독을 덮을 때도 거적을 썼어. 밭에서 캐 온 고구마를 갈무리할 때도 가장 먼저 손이 가는 건 거적이었지.

거적은 한두 해가 지나면 헐고 삭아서 깔개로는 쓰지 못해. 이런 거적은 잘 두었다가 추운 겨울이 오면 소 등에 이불처럼 덮어 주었지. 더 낡아 버린 거적은 작두로 썰어 거름 만드는 데 넣었어.

이처럼 쓸모가 많은 거적이지만 그다지 귀한 대접은 받지 못했어. 흔한 짚으로 대충 만들 수 있고 허드렛일에나 쓰다 보니 그랬나 봐. 하지만 알뜰한 농부는 거적 하나도 함부로 하지 않았어. 쓰고 나면 햇볕에 잘 말려 몇 년이나 두고두고 썼지.

멍석

곡식을 펼쳐 널 때, 바닥에 까는 자리를 멍석이라고 해. 가을이면 햇볕 좋은 곳에 멍석을 깔고 타작이 끝난 곡식을 며칠씩 널어 두었어. 바짝 말려야 방아도 잘 찧어지고 썩거나 벌레가 생기지 않거든.

멍석은 여름 장마철에 바깥일을 쉴 때나 겨울날 눈이 많이 와서 땔나무하러 가기 힘들 때 만들었어. 이런 날은 짚이 물기를 먹어 잘 부러지지 않기 때문이지. 물에 담갔다 뺀 짚이 알맞게 축축해지면 메로 퉁퉁 쳐서 녹녹하게 만들어. 그 짚으로 날줄로 세울 새끼를 꼰 다음, 씨줄을 촘촘하게 넣어 가면서 긴네모꼴로 짜는 거야. 자칫 날줄이 너무 굵거나 씨줄로 쓰는 짚을 많이 잡았다간 무겁고 거친 멍석이 되기 때문에 잘 보면서 만들어야 해. 다 만든 멍석 네 귀에는 접어서 걸어 두기 좋게 새끼줄로 고리를 달기도 했어.

멍석에 곡식을 널 때는 멍석 한가운데에 곡식을 부은 다음, 고무래로 조심조심 가장자리부터 펴 널어. 고무래로 밀고 당기면서 얕고 고르게 너는 거야. 그다음에는 골을 타 주어야 해. 밑에 있는 곡식까지 잘 마르도록 뒤집어 주는 거지. 다 쓰고 난 멍석은 쥐가 갉지 않도록 곡식 낟알을 잘 털어 낸 다음, 비와 습기를 피할 수 있는 곳에다 잘 간수했어. 농가에서는 한갓진 집 뒤 처마 밑에 매달거나 세워 두었지.

우리 조상들은 잔치나 놀이판을 벌일 때는 꼭 멍석을 깔았어. 마당에 멍석만 깔면 방이 되니까 집 좁은 걱정은 하지 않아도 되었지. 이런 때는 자기 집 멍석이 모자라도 괜찮았어. 다른 농기구와 달리 멍석 인심만큼은 넉넉했거든.

명절이면 어른 아이 할 것 없이 모두 모여 멍석에 윷판을 그려 놓고 윷놀이를 벌였어. 멍석을 뒤집어쓰고 소 흉내를 내면서 집집마다 돌아다니는 소놀이를 하기도 했지.

넉가래

'널찍한 날을 가진 가래' 라고 넉가래라는 이름이 붙었어. 고장에 따라 '나무가래', '넙가래' 라고 부르기도 해. 네모꼴로 생긴 기다란 널빤지 한 장을 깎고 다듬어 삽처럼 만드는데, 삽과 달리 자루와 날이 한몸이야. 널찍한 날은 넓이가 30~50센티미터쯤 되는데, 삽보다 얼추 두 배나 커. 그런데 이렇게 널찍하고 커다란 넉가래는 대체 어디에 썼을까?

곡식을 거두어 낟알을 떨어내면 낟알 속에 검불이 뒤섞여 있기 마련이지. 농부들은 검불을 가려내려고 낟알을 공중으로 날리는데, 이때 넉가래를 써. 한 사람이 부뚜나 바람개비를 써서 바람을 부치면 다른 사람이 앞에서 넉가래로 곡식을 떠서 바람 부는 쪽으로 날리는 거야. 그러면 무거운 알곡은 가까운 곳에 떨어지고 가벼운 검불은 좀 더 멀리 날아가. 조심스레 갈퀴와 비로 검불을 걷어 내면 알곡만 남게 되는 거야. 그렇게 가려낸 곡식을 햇볕에 말릴 때도 넉가래로 멍석에 펴서 널고, 다 말린 곡식을 퍼 담을 때도 넉가래를 쓰곤 해.

곡식을 갈무리하고 나서 겨울에 눈이 올 때도 넉가래는 제 몫을 단단히 해. 삽보다 가볍고 날도 커서 쌓인 눈을 쓱싹 밀어 치우는 데는 제격이거든. 마당이며 길에 쌓인 눈을 넉가래로 치우는 어른들을 보면 아이들은 재미있어 보이는지 너도나도 해 보겠다고 나서곤 하지. 하지만 어른들은 쉽게 넉가래를 내주지 않았어. 위쪽에 쌓인 눈부터 조금씩 걷어 내야 하는데, 요령 없는 아이들이 욕심을 내어 한꺼번에 걷어 내려다 보면 얇은 널빤지로 만든 넉가래가 쉽게 갈라져 버리기 때문이야. 게다가 넉가래질이 보기보다 힘든 일이다 보니 의기양양하던 아이들도 금세 나자빠지기 일쑤지. 금이 가거나 갈라진 넉가래는 그 언저리에 구멍을 몇 개 뚫어 끈이나 철사로 동여매 다시 썼어. 농사 연장은 한 가지라도 없으면 아쉽기 마련이거든.

도래방석

도래방석은 멍석처럼 곡식 낟알이나 그 밖의 농산물을 널어 말릴 때 바닥에 까는 자리야. 생김새가 둥그스름한 데다가 바닥에 깔고 앉기도 해서 도래방석이라는 이름이 붙었어. 멍석은 멍석인데 둥글게 생겼다고 '도래멍석' 이라고도 하지.

지름은 1~2미터쯤 되는데, 짜는 법은 멍석과 비슷해. 멍석은 짤 때 한쪽 귀퉁이에서 시작하지만 도래방석은 가운데서부터 돌려 가며 둥글게 짜 나가지. 멍석보다 두께는 얇으면서 더 촘촘하게 만들어.

날이 가늘고 촘촘하다 보니 깨, 팥, 조, 수수처럼 낟알 크기가 작고 조금씩 심어 먹는 잡곡을 말리는 데 맞춤이었어. 갈무리해 둔 곡식에는 볕만큼 좋은 약이 없거든. 특히 장마철에는 곡식도 눅눅해지기 마련이라 볕이 조금이라도 날라치면 사람들은 마당에 도래방석을 펴 놓고 콩이나 팥을 널었어.

여름철이면 사람들은 더위를 식히려고 동네 정자나무나 집 안 감나무 그늘 아래로 갔어. 평상이 있으면 갖다 놓고 앉겠지만 없을 때는 땅바닥에라도 앉을 수밖에. 그런 때 깔고 앉았던 것이 도래방석이야. 작고 가벼운 데다가 짚으로 만들어서 땅에서 올라오는 찬 기운을 막아 주니 깔개로는 그만이었거든. 깔개로 쓰려고 따로 만드는 도래방석은 칡이나 싸리 껍질로 멋을 내기도 했지.

북쪽 지방에서는 도래방석 지름을 반으로 줄이고 낮은 울을 둘러 맷방석을 만들었어. 만든 재료나 생김새가 도래방석을 닮다 보니 쓰임새도 비슷했지. 또 매통으로 곡식을 찧거나 맷돌로 마른 곡식을 탈 때도 맷방석이 빠지지 않았어. 울이 있는 맷방석을 깔고 하면 곡식이 사방으로 흩어지지 않거든. 이렇게 옛날에는 일마다 알맞은 농기구를 다 갖추어 쓸 형편이 안 되다 보니 한 가지 물건으로도 두루 쓰면서 알뜰하게 살았던 거야.

도래방석

맷방석

두트레방석

두트레방석은 짚을 엮어 만든 방석이야. 겉보기에는 투박해 보이지만 깔고 앉으면 꽤 푹신해. 동그라미를 그리면서 가운데로 말려 들어간 꼴이 꼭 달팽이 등 껍데기처럼 생겼어.

두트레방석을 만들려면 우선 짚을 가지런히 추려서 세로로 긴 짚 모둠을 만들어야 해. 이것을 여러 번 돌려 둥글게 튼 다음, 그 사이는 짚으로 단단하게 조여 맸어. 끝에 남는 부분은 꽁지로 꼬아 마무리해서 손잡이로 쓰기도 했지. 다 만든 것은 흔히 지름이 30~50센티미터쯤으로 꼭 방석만 해.

이름을 보면 깔고 앉는 데 쓰는 것 같지만 사실은 독을 덮어 두는 뚜껑으로 많이 썼어. 흙을 빚어 만든 독은 흔히 뚜껑이 딸려 있기 마련이야. 하지만 쌀이나 잡곡을 담는 독에는 옹기 뚜껑 대신 꼭 두트레방석을 덮었어. 물론 독이 크면 그에 맞는 뚜껑 값이 만만찮은 이유도 있지. 하지만 그보다 더 큰 까닭은 옹기보다는 짚으로 만든 뚜껑이 바람이 잘 통해서 곡식이 썩거나 벌레가 생기는 것을 막을 수 있었기 때문이야. 가벼워서 여닫기도 좋고 옹기처럼 깨질 걱정도 없으니 쓰기가 한결 나았지.

두트레방석은 이름처럼 깔고 앉는 방석으로 쓰기에도 그만이었어. 옛날부터 사람들은 겨울이건 여름이건 맨땅에 그대로 앉는 일이 없었지. 옷이 더러워지기도 하지만 땅속에서 올라오는 차갑고 축축한 기운이 몸에 좋지 않다는 걸 알고 있었기 때문이야. 가벼워서 들고 다니기도 좋은 데다가 찬 기운을 막아 주고 푹신하기까지 하니까, 마당에 퍼더앉아 농기구 손질을 하거나 부엌 아궁이 앞에서 불을 땔 때도 늘 먼저 손이 갔지. 이처럼 처음에는 쌀독에 덮어 두려고 만들었지만, 차츰 깔고 앉는 사람이 늘어나면서 이름도 '두트레 뚜껑'이 아닌 '두트레방석'이 되었던 거야.

멱둥구미

멱둥구미는 짚으로 꼰 가는 새끼를 엮어 만든 그릇이야. 둥그스름하게 생긴 데다 운두가 높아. 고장에 따라 '둥구니', '둥구리', '둥개미', '둥구멱', '둥구마리', '두꾸마리', '멱구미' 라고도 부르는데, 전남 거문도에서는 재미나게도 멱둥구미를 일러 '소쿠리' 라고 한대.

멱둥구미는 흔히 곡식을 갈무리하는 데 썼어. 벼, 보리 같은 곡식에 바람을 부쳐서 검불을 날린 다음, 껍질째로 담기도 하고 아예 방아까지 찧어서 담기도 했지. 크기가 큰 것은 곡식을 한 가마 남짓 담을 수도 있었대.

멱둥구미를 만들 때는 먼저 짚을 도래방석이나 맷방석 만들 때처럼 둥글게 돌려 엮어서 바닥을 만들어. 알맞은 크기가 되면 그 위에 둥근 통을 놓고 둘레를 짚으로 감으면서 운두를 엮는 거야. 한 겹을 다 엮고 나면 바깥쪽으로 다시 한 겹 더 엮어서 두 겹이 되게 해. 두 겹 사이에는 쉽게 구부러지거나 주저앉지 말라고 굵은 철사를 두르기도 했어. 바깥쪽 운두에는 싸리 껍질이나 모시풀 껍질을 같이 엮어 무늬를 넣기도 하고, 말굽꼴로 굽은 나뭇가지를 테두리에 넣어서 손잡이로 쓰기도 했지.

만드는 사람 마음에 따라 크기도 달라서 지름이 25센티미터쯤 되는 작은 것부터 1미터에 이를 만큼 큰 것까지 여러 가지가 있어. 지름이 넓을수록 운두도 높기 마련이지. 작은 것을 따로 만들어 곡식 대신 자잘한 물건을 담아 두기도 했지만 흔히 썼던 것은 지름이 40~50센티미터쯤 되는 것들이야.

옛날 여인들은 밭에서 거둔 감자며 고구마, 푸성귀를 멱둥구미에 담은 채 이고 다녔어. 짚으로 만든 까닭에 똬리 없이 이어도 머리가 아프지 않고 크기도 무리 없이 이고 다닐 만했거든. 오늘날 시골 아주머니들이 크고 작은 플라스틱 대야에 무엇이든 담아 들고 다니듯 옛날 여인들은 멱둥구미를 즐겨 썼던 거야.

멱서리

멱서리는 짚을 멍석 짜듯이 엮어서 만든 자루야. 멱둥구미와 이름과 생김새가 비슷하지만 크기가 훨씬 커서 곡식을 담으면 너 말은 거뜬히 들어갔대. 고장에 따라 '멕', '며꾸리', '멱대기', '멕고리', '망텡이', '부게' 라고도 불렀지.

거둔 곡식을 담아 두고 말리거나 찧으려고 나를 때 멱서리를 썼어. 감자나 고구마를 담아 두기도 했는데, 많은 양을 담아 두면 쉽게 상하기 마련이라 적당히 담아 바람이 잘 통하도록 운두를 밖으로 접어 두었지. 때로는 아이들이 지게 대신 걸머지고 쇠꼴을 하러 다니기도 했어.

생김새는 만들기에 따라 여러 가지야. 바닥이 둥근 것도 있고 네모진 것도 있지. 어떤 것은 아예 바닥 없이 만들어서 납작한 주머니처럼 생겼어. 귀퉁이에 새끼로 고리를 달아서 벽에 걸어 두거나 들고 다니기 좋게 한 것도 있었지.

전국 어느 고장에서나 멱서리를 썼지만 특히 항아리가 귀했던 제주도와 섬 지방에서 많이 썼어. 옛날에는 바닷길을 건너가 항아리를 사 오기도 쉽지 않았던 데다가 섬에서는 벼농사도 거의 짓지 않기 때문에 짚도 귀했거든. 그래서 쉽게 구할 수 있는 띠 풀로 색다른 멱서리를 만들어 썼던 거야. 산마을에서는 싸리로, 들 마을에서는 짚으로 농기구와 살림살이를 많이 만들듯이 말이야.

요즘에는 시골에서도 멱서리를 만들어 쓰는 일이 드물고 찾아보기도 쉽지 않아. 하지만 짚과 띠 풀로 정성스럽게 멱서리를 짜면서 곡식을 한가득 담을 생각으로 흐뭇했을 농사꾼 마음은 낡은 멱서리에 그대로 남아 있지 않을까 싶어.

성기게 짜서 쓰는 섬과 달리 멱서리는 촘촘하게 짜기 때문에 훨씬 튼튼해. 또한 한 겹으로 두껍지 않게 짜서, 쓰지 않을 때는 착착 접어 두기 좋아.

중태

중태는 새끼줄을 엮어 만든 자루야. '탈래기' 라고도 불렀는데 생김새는 가마니와 비슷해. 하지만 짚을 틀에 걸어 성기게 짜는 가마니와 달리, 중태는 가는 새끼줄을 씨줄로 삼고 노끈을 날줄로 해서 발처럼 촘촘히 엮어 만들었어. 알맞은 길이로 짜서 양옆을 튼튼하게 꿰매는데, 아래의 가운데 부분을 안쪽으로 접어 넣어 귀퉁이를 두 갈래로 만들지. 그래야 곡식을 담아 세웠을 때 바닥이 생겨서 쓰러지지 않거든. 쓰지 않을 때는 바닥을 다시 안쪽으로 넣고 접어서 두었어.

아가리 쪽은 빨리 닳기 때문에 짚 대신 질긴 삼이나 피나무 껍질로 꼰 새끼를 테처럼 몇 번 둘렀어. 아가리 양쪽 귀퉁이에는 끈으로 고리를 달아서 마무리했지. 손으로 잡고 옮기거나 저울에 걸어 무게를 잴 수 있도록 말이야.

이처럼 갖은 정성을 들여 만든 중태는 곡식이나 감자, 고구마 들을 담아 옮기거나 갈무리하는 데 썼어. 옥수수를 자루째 담아 두기도 했지. 흔히 곡식이 한 가마 반쯤 들어갈 만한 크기로 만드는데, 큰 것은 두 가마까지도 담을 수 있었대.

중태는 특이하게도 강원도 산골에서만 만들어 썼어. 강원도는 산비탈이 많고 논을 일굴 땅이 적은 탓에 옛날부터 밭농사를 많이 지었거든. 옥수수, 감자, 마늘, 콩처럼 다른 곡식에 비해 알이 굵은 작물을 많이 심었지. 그래서 어느 정도 틈새가 있는 중태를 즐겨 썼던 거야. 바람이 잘 통해서 곡식이 쉽게 상하지 않고 쌀이나 보리처럼 틈새에 낟알이 끼일 염려가 없으니까. 게다가 섬이나 가마니보다 훨씬 튼튼해서 오래 두고 쓸 수 있었다고 해.

중태에 곡식을 담아 놓고 옆에서 보면 아래쪽이 ㅅ자 꼴이야. 마치 튼튼한 두 다리로 버티고 서 있는 것 같지.

섬

짚을 엮어서 큼직하게 만든 자루가 섬이야. 거적이나 발처럼 씨줄과 날줄을 엮어 만드는데, 곡식을 담아도 새지 않도록 두툼하게 짰어. 다 짜면 반으로 접어서 새끼를 꿴 대바늘로 양 끝을 촘촘하게 꿰맸지. 가마니나 멱서리처럼 곡식을 담아 두거나 담아서 다른 곳으로 옮길 때 썼는데, 성기게 짜서 겉이 거칠거칠해.

옛날에는 곡식의 양을 홉, 되, 말 같은 도구를 써서 가늠했어. 열 홉이 한 되, 열 되는 한 말이지. 그러다 보니 열 말을 담아 사고팔 수 있는 자루가 필요해서 섬을 만들어 쓰게 된 거야. 섬은 '석' 이라고도 해. 《심청전》에 나오는 공양미 삼백 석은 곧 삼백 섬을 가리키지.

섬은 두툼하게 짜다 보니 부피도 크고 무게도 적지 않았어. 특히 벼보다 무거운 콩을 담은 섬은 어른 두 사람이 달려들어도 다루기가 힘들어 끙끙거릴 정도였지. 게다가 만들 때 짚도 많이 들었어. 섬이 일제 강점기에 들어온 가마니에 밀려나게 된 것도 다 그런 이유 때문이야.

이제는 곡식을 저울로 무게를 재서 사고팔지만 시골 장에서는 아직도 되를 쓰는 모습을 볼 수 있어. 섬 단위가 몸에 밴 어른들은 벼를 거둘 때 한 마지기에 석 섬이 나면 평년작이고 석 섬 반이 나면 풍년작으로 쳐서 거둔 양을 가늠하곤 하시지. 이렇듯 섬은 그 모습은 사라졌지만 곡식 양을 가늠하는 단위로 남아 지금까지 쓰이고 있어.

한 섬은 말로 치면 열 말이야. 한 가마니에 닷 말이 담기니 한 섬은 두 가마니인 셈이지. 심청이가 받은 공양미 삼백 석은 가마니로 치면 육백 가마니가 돼. 그 시절에 그만했으면 심청이가 아버지를 위해 풍덩 뛰어들 법도 하지 않아?

섬틀은 섬을 짜는 기구야. 받침대 위에 나무 기둥을 두 개 세우고 사이에는 가로장을 질러 올렸어. 가로장 위에는 고드렛돌을 앞뒤로 걸쳐 놓고 섬을 엮었지.

가마니

가마니는 논밭에서 나는 온갖 곡식을 담아 두는 자루야. 결이 촘촘해서 담아 둔 곡식이 샐 일이 없고, 섬보다 짚도 훨씬 적게 들고 가벼워서 널리 쓰였지. 가마니에는 벼 닷 말을 담을 수 있었어.

가마니틀로 가마니를 짤 때는 두 사람이 함께 했어. 가늘게 꼰 새끼줄을 날줄로 삼고, 한 사람이 바늘로 짚을 한 가닥씩 매겨 주면 다른 사람은 바디로 눌러 짰지. 다 짜고 나면 반으로 접어 양쪽 테두리를 큰 바늘로 꿰매서 자루처럼 만들었어. 시골에서는 가마니 짜는 일을 두고 가마니를 '친다'고 해. 가마니틀에 딸린 바디로 수도 없이 내려쳐서 만드니까 어찌 보면 짠다는 말보다 더 와 닿기도 해.

새마을 운동이 한창이던 1970년 무렵엔 나라에서 가마니 짜기와 새끼 꼬기를 장려하느라 가마니 짜기 대회를 자주 열었어. 이때부터 가마니틀이 점점 쓰기 좋게 바뀌었는데, 나중에는 발로 밟으면서 혼자서 짤 수 있는 가마니틀도 나왔지.

가마니를 쓸 때 가장 골치를 썩이는 건 쥐였어. 아무리 잘 털어 낸다고 해도 결이 워낙 촘촘하다 보니 사이사이에 낟알 몇 톨쯤은 남기 마련이야. 쥐란 놈이 어떻게 알았는지 낟알을 먹으러 와서는 가마니까지 쏠아 놓고 가지 않겠어? 추수를 앞두고 눈코 뜰 새 없는데, 대바늘로 가마니에 난 구멍까지 깁느라 애를 먹곤 했지.

이렇게 많이 쓰이던 가마니는 1980년대에 값싼 마대 자루가 나오면서부터 점점 사라졌어. 그래도 가마니에 담기는 양을 헤아릴 때 쓰는 '가마니'라는 말은 아직도 남아 쓰이고 있지.

조선 통감부에서 낸 《한국시정연보》에는 1909년에 일본에서 가마니틀 545대를 들여왔다는 기록이 있어. 그때부터 우리나라 사람들은 가마니틀로 가마니를 만들어 쓰게 된 거야. 가마니라는 이름도 일본 이름 '가마쓰'가 바뀐 거래.

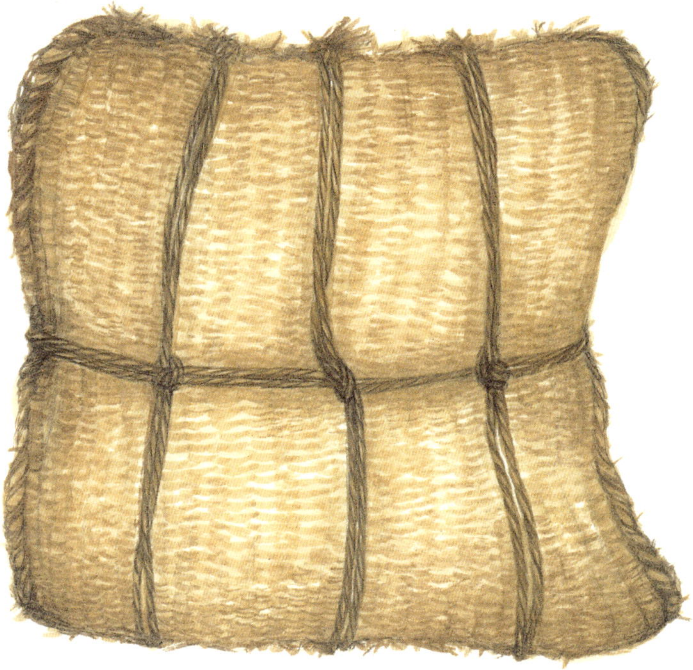

가마니틀은 섬틀보다 복잡하게 생겼어. 비스듬하게 세운 기둥 위에 도리가 있고 섬틀의 고드렛돌 대신 날줄을 꿴 바디가 있지. 이 바디로 짚을 내리쳐서 가마니를 짰어.

채독

채독은 싸릿개비나 버들가지로 결어 만든 커다란 독이야. 오지독처럼 배가 통통하면서도 길쭉하게 생겼지. 아가리는 둥글지만 바닥은 물건을 담아 놓아도 잘 쓰러지지 않게 큼직한 네모꼴로 만들었어.

옛날이나 지금이나 가장 많이 쓰는 독은 뭐니 뭐니 해도 흙을 빚어 구운 오지독이야. 물기가 있는 것도 담을 수 있는 데다가 튼튼해서 오래 쓸 수 있었거든. 쓰임새에 따라 여러 가지 크기의 독을 얼마든지 구할 수 있지. 하지만 옛날 산골 마을 사람들은 커다란 오지독은 구하기가 힘들었어. 길이 험한 깊은 산골까지 큰 독을 지고 팔러 오는 독장수는 없었으니까. 꿩 대신 닭이라고, 결국 바구니와 광주리를 만들던 솜씨로 오리를 결어 곡식이나 농작물을 갈무리할 커다란 독을 만들었지.

이렇게 만든 채독은 작은 구멍이 숭숭 뚫려 있기 마련이야. 그래서 흔히 감자나 고구마처럼 알이 굵은 농작물을 담았어. 틈새로 바람이 통해서 감자 따위가 잘 썩지 않는 데다가 흙이 묻은 채 그대로 담아도 흙이 빠져 나가서 좋지. 하지만 벼, 보리, 메밀처럼 알이 잔 곡식은 성긴 채독에 담으면 그대로 새어 나오거나 틈에 끼기 쉬워. 그래서 안쪽에다 틈이 없게 종이를 바르고 다시 진흙을 덧발랐지. 처음부터 보릿겨와 진흙을 섞어 바른 것도 더러 있었어. 안에다 쇠똥을 바른 채독도 있었는데, '소독' 이라고 불렀지. 소독을 만들 때는 여름에 싱싱한 잡풀을 먹고 싼 쇠똥을 바른 다음 햇볕에 말렸어. 그래야 좀도 쏠지 않고 떨어지지 않거든.

채독은 시간이 갈수록 색깔이 거무튀튀하게 바뀌기는 하지만 비 맞히지 않고 간수를 잘하면 30년도 넘게 쓸 수 있었대. 넘어진다고 해서 오지독처럼 깨질 걱정도 없고 가볍기도 하니 어쩌면 오지독보다 더 쓸모 있는 독이었는지도 몰라.

나락뒤주

벼는 '나락' 이라고도 해. 한창 곡식을 거두어들이는 추수철에는 벼를 갈무리할 곳간이 비좁기 마련이야. 이런 때 잠시 동안 벼를 갈무리하려고 만든 것이 나락뒤주야. 이름이 나락뒤주이기는 하지만 꼭 벼만 담은 건 아니야. 보리나 조, 기장 들을 담기도 했지.

가장 흔한 나락뒤주는 멍석 위에 거적이나 짚으로 짠 발을 둘러 둥글게 벽을 만들고 새끼줄로 동여매서 벼가 새지 않도록 만든 거야. 위에는 비가 스미지 않도록 이엉을 엮어 지붕을 덮었어. 남쪽 지방에서는 대나무를 결어 만들기도 했어. 오지독처럼 만들어 안쪽에는 진흙을 발라 틈새를 메우고 지붕 대신 짚으로 엮은 갓을 씌워 비를 가렸지. 벽 위쪽에는 작은 널문을 달아 벼를 넣고, 아래쪽의 작은 구멍은 벼를 꺼낼 때 썼어. '둑집' 이라고도 부르는 나락뒤주도 있었어. 네모진 작은 방처럼 생겼는데, 한쪽 벽은 널빤지를 나란히 덧대어 한 장씩 빼내면서 벼를 꺼내 쓰도록 만든 거야. 지붕은 짚이나 기와로 덮었어.

무엇보다 나락뒤주는 쥐가 들어가지 못하게 구멍이 없이 사방을 단단히 하는 게 중요했어. 그래도 행여 구멍을 뚫어 쥐가 들락거릴까 봐 바닥에는 철사로 뜬 그물을 깔고 그것도 모자라 구석구석마다 밤송이를 깔아 놓기도 했지.

나락뒤주는 바람이 잘 통하는 마당 한쪽에 두었어. 그런 곳이라야 곡식이 눅눅해지거나 벌레가 꼬이지 않고, 오며 가며 쥐가 오지 않는지 살필 수도 있거든. 해마다 거둔 곡식 양에 따라 크기나 개수도 바뀌었는데, 풍년인 해에는 마당에 세워 둔 나락뒤주가 크고 개수도 많았어. 사람들은 나락뒤주만 보고도 그 집 농사가 어떤지를 짐작할 수 있었지. 농부들은 배를 불룩 내밀고 서 있는 나락뒤주를 볼 때면 흐뭇해서 절로 웃음이 나왔다고 해.

농부들은 서둘러 보리와 밀을 갈아. 땅이 얼기 전에 새싹이 나와 어느 정도 자라야 하거든.

종다래끼

농사꾼한테는 생명을 품고 있는 씨앗만큼 소중한 것도 없어. 모든 농사일이 작은 씨앗 한 알에서 시작되니까 말이야. 씨앗을 밭에 뿌릴 때 쓰는 종다래끼 역시 농부들이 귀하게 여기는 물건이야. 농부들은 가을걷이한 낟알 가운데 실한 놈을 골라 두었다가 이듬해 종다래끼에 담아서 땅에 심지.

종다래끼는 종자, 즉 씨앗을 넣는 작은 바구니야. 흔히 짚이나 싸리를 엮어 만드는데, 고장에 따라 고리버들, 인동덩굴, 대나무, 조릿대를 쓰기도 해. 만드는 법은 바구니와 비슷하지만 세워 놓아도 넘어지지 않게 밑바닥을 네모꼴로 잡고 위쪽으로 갈수록 둥글게 엮어. 아가리는 좁게 만들어서 안에 든 씨앗이 잘 쏟아지지 않도록 했지. 아가리 끝 쪽에는 끈을 달아서 가방처럼 만들어. 끈을 어깨에 메거나 허리에 차면 두 손을 마음대로 놀리면서 훨씬 편하게 씨앗을 심을 수 있기 때문이야.

짚이나 싸리로 만든 종다래끼는 틈새가 넓어서 흔히 콩이나 옥수수처럼 알이 굵은 씨앗을 담는 데 썼어. 크기가 작은 씨앗은 인동덩굴로 짜서 틈새가 좁은 종다래끼에 따로 담았지. 산나물을 캐거나 고추를 따서 담을 때도 쓰기도 했어. 싸리로 만든 종다래끼는 아이들이 냇가에 고기 잡으러 갈 때 쓰기도 했지. 고장에 따라 짚으로 만든 건 짚다래끼, 싸리로 만든 건 종다래끼라고 따로 부르기도 해.

씨앗을 갈무리했다가 심는 일은 집안에서 농사 경험이 가장 많은 어른들 몫이야. 어떤 밭에 어떤 곡식 씨앗이 얼마만큼 들어가는지 잘 아는 데다, 씨앗을 적게 남겨 모자라거나 너무 많이 남겨 남아도는 일이 없었거든. 다 심었을 때 나중에 새가 쪼아서 씨앗이 없어지거나 새싹이 돋지 않은 구멍을 메울 때 쓸 정도만 남아야 딱 알맞은 거지.

씨오쟁이

우리나라 속담에 "농부는 굶어 죽어도 씨오쟁이는 베고 죽는다."는 말이 있어. 농부가 씨앗을 다른 무엇보다 소중하게 여기다 보니 이런 속담이 생긴 거야.

옛날에는 부잣집이 아니면 따로 곡식을 넣어 두는 창고가 없었어. 보통 농가에서는 먹을 곡식은 마당에 나락뒤주를 두어 갈무리하고, 씨앗으로 쓸 곡식은 씨오쟁이에 담아 방문 앞에 달아 놓은 긴 막대기에다 주렁주렁 매달았어. 이렇게 잘 두어야 쥐나 새가 아까운 씨앗을 못 먹거든. 흔히들 씨앗을 방 안에 두는 걸로 아는데 그건 아니야. 씨앗은 따뜻한 곳에 두면 이듬해 뿌렸을 때 싹이 잘 돋아나지 않아.

씨오쟁이는 병처럼 생긴 것과 가방처럼 생긴 것이 있어. 병 모양 씨오쟁이는 멱둥구미처럼 짚을 촘촘히 엮어 만드는데, 아래는 항아리처럼 불룩하고 목 부분은 잘록해. 아가리는 씨앗을 담기 좋게 깔때기처럼 살짝 벌어져 있지. 가방 모양 씨오쟁이는 섬처럼 성기게 엮어 만들어. 섬을 엮는 방법으로 만든 그릇 가운데 가장 큰 것을 섬, 그다음 큰 것은 오쟁이, 가장 작은 것은 씨오쟁이라고 하지. 씨오쟁이도 곡식을 갈무리하는 데 썼으니 작은 섬이었던 셈이야.

씨오쟁이를 만드는 데는 볏짚을 가장 많이 썼어. 볏짚으로 만든 씨오쟁이는 바람이 잘 통하고 부숭부숭해서 씨앗을 갈무리하는 데는 안성맞춤이었지. 볏짚이 없을 때는 왕골이나 칡 껍질로도 만들었어. 씨앗을 뿌릴 때 허리에 차거나 멜 수 있도록 위쪽에 끈을 달았어. 이렇게 해 놓으면 갈무리하기도 편하고 씨앗을 넣기에도 한결 낫거든. 터진 아가리 쪽은 짚이나 종이로 잘 막았어.

이렇게 만든 씨오쟁이에는 조나 수수처럼 씨알도 작고 조금씩 심는 씨앗들을 담아 두었어. 다음 해 씨앗으로 쓸 고추를 담아 두는 고추씨오쟁이는 말린 통고추를 짚으로 둘둘 싸 계란 꾸러미처럼 엮기도 했지.

잿박과 잿고무래

연탄이 나오기 전까지는 나무로 불을 때서 밥을 짓고 국도 끓였어. 겨울에는 땔나무로 군불을 넣어 온돌방을 따뜻하게 데웠지. 이렇게 날마다 불을 때면 아궁이에는 하루가 멀다 하고 재가 차기 마련이야. 그러면 불이 안으로 빨려 들지 않아 방바닥이 데워지지 않고 연기가 거꾸로 밀려 나와 온 부엌이 연기로 가득 차게 돼.

재 때문에 불길이 들어가는 고래 구멍이 막혔을 땐 논에 물 대는 데 쓰는 살포로 재를 긁어내. 그래도 안 되면 방바닥을 뜯어 구들을 들어내고 고래를 깨끗이 쳐 주어야 해. 일이 크다 보니 한 번에 해치울 수도 없고 고친 뒤에도 방바닥이 마를 때까지 기다려야 하니 여간 불편한 게 아니야. 그래서 불을 때기 전에는 아궁이에 재가 많은지 살펴보고 미리 재를 친 다음에야 불을 지폈어.

잿박과 잿고무래는 이렇게 재를 칠 때 쓰는 도구야. 잿박은 재를 담아 옮기는 바구니야. 짚을 엮어 크고 둥글게 만든 모습이 멱둥구미와 비슷하지. 잿고무래는 곡식을 모으고 널고 흙을 고르는 고무래와 한가지인데, 좁은 아궁이 속 재를 치기 좋도록 크기를 작게 만들었어.

잿박과 잿고무래를 써서 쳐낸 재는 헛간에 모아 두었다가 두엄과 섞어 거름으로 썼어. 재는 거름 가운데서도 질이 좋아 어느 집에서나 귀하게 여겼다고 해. 게다가 보리 씨앗을 재와 버무려 뿌리면 보리가 더 잘 자랐대.

재를 치다 보면 재 속에 불씨가 남아 잿박과 잿고무래가 검게 그을리거나 탈 때가 많았어. 어떤 때는 불씨가 남은 재를 모르고 헛간에 옮겨 두었다가 바람이 불어 불이 번지는 바람에 헛간을 몽땅 태워 먹는 일도 있었지. 옛날에 시골 헛간에서 불이 자주 났던 것도 덜 꺼진 재를 잿박에 그대로 담아 두는 일이 많았기 때문이야. 꺼진 불도 다시 보자는 말은 예나 지금이나 되새겨야 할 것 같아.

고무래

논과 밭에 이랑을 짓고 나서 그 위를 곱게 고를 때 쓰는 농기구가 고무래야. 당기거나 밀어서 쓴다고 '당그래', '당글개', '밀개', '미래' 라고도 불렀어.

고무래로는 논밭의 흙을 고르기도 하고 흙을 낮은 고랑으로 끌어다 메우기도 해. 깨, 무, 배추처럼 크기가 작은 씨앗을 뿌리고 나면 꼭 고무래질을 해서 흙으로 덮어 주지. 곡식을 널어 말릴 때에도 고무래로 자주 뒤집어 주면 곡식이 빠른 시간 안에 고루 말라서 좋아.

고무래는 느릅나무나 물푸레나무처럼 단단하고 습기에도 잘 견디는 나무로 만들어. 먼저 통나무를 오줌통에 몇 달이고 담가 놓지. 그래야 나무가 갈라지거나 뒤틀리지 않거든. 오줌통에서 꺼내 그늘에서 한 해쯤 말린 통나무는 알맞은 두께로 잘라서 널빤지를 만들지. 이 널빤지는 모양이 정해져 있는 게 아니라서 긴네모꼴, 반달꼴, 사다리꼴, 물결 모양으로 다양해. 널빤지 가운데에 구멍을 뚫고 곧은 나뭇가지를 다듬어 손잡이를 박으면 고무래가 다 된 거야.

널빤지에 단단한 참나무나 박달나무로 만든 발을 여러 개 달아 놓은 고무래는 발고무래라고 달리 부르지. 고장에 따라 '발당그래', '발곰배', '나무 쇠스랑' 이라고도 불렀어. 축축하게 젖은 흙을 밋밋한 고무래로 다루면 날에 흙이 들러붙기 마련이야. 그런 때 발고무래를 쓰면 작은 발들이 흙이 붙는 것을 막아 주지. 또한 발이 곰방메 몫까지 대신하기 때문에 흙덩이를 깨뜨리고 고르는 일을 함께 해야 할 때는 발고무래 하나로 다 할 수 있어.

한자 가운데 '고무래 정(丁)' 자는 고무래 생김새를 본떠 만든 글자야. 사람이 꼿꼿하게 서 있는 모습과도 닮아서 젊고 기운이 좋은 남자인 '장정' 을 뜻하기도 해.

고무래

발고무래

갈퀴

갈퀴는 마른풀, 나뭇잎, 검불 따위를 긁어모으는 데 쓰는 도구야. '깍지', '갈쿠리', '깔구랭이' 라고도 불렀대. 보리나 콩, 깨 같은 씨앗을 뿌리고 흙을 덮을 때 고무래 대신 쓰기도 하고, 타작하고 난 마당에 남은 짚이나 풀들을 깨끗이 걷어 낼 때 쓰기도 했어.

무엇보다 갈퀴는 땔감 모을 때 쓸모 있는 농기구였어. 옛날에는 나무를 해다가 불을 때서 방을 따뜻하게 하고 음식도 끓여 먹었다는 거 알지? 땔나무 가운데서는 장작, 나무 밑동, 마른 가지처럼 불땀이 센 것을 좋은 땔감으로 쳤어. 땔나무가 귀한 들 동네에선 마른 솔잎이나 넓은잎나무 낙엽이라도 모으려고 안달이었지. 이런 것들을 긁어모을 때 갈퀴는 꼭 필요했어.

갈퀴는 대나무로 만든 대갈퀴와 물푸레나무갈퀴, 쇠갈퀴가 있어. 이 가운데 대갈퀴와 물푸레나무갈퀴는 집에서 손수 만들어 썼지. 재료를 쉽게 구할 수 있고 쇠갈퀴보다 가벼워서 다루기도 좋아. 하지만 비를 맞히면 구부려 놓은 발이 펴지기 때문에 잘 간수해야 하지. 쇠갈퀴는 대갈퀴나 싸리갈퀴보다 뒤에 나와서 지금도 쓰고 있어. 발이 단단하고 날카로워서 거친 땔감을 긁어모을 때 쓰기 좋지.

집에서 만들어 썼던 대갈퀴를 한 번 만들어 볼까? 대갈퀴를 만들려면 먼저 대나무를 잘라서 새끼손가락 크기로 쪼갠 다음 끝을 다듬어. 그다음엔 낙엽이나 검불을 끌어 모으기 좋도록 끄트머리를 짚불에 슬슬 그을리면서 안쪽으로 구부리지. 다 구부린 것은 마루 밑에 두고 한두 달 말려. 갈퀴발이 잘 말라서 모양이 굳어지면 나란히 늘어놓고 부챗살 모양으로 엮어. 칡넝쿨을 가늘게 갈라 만든 끈으로 위아래를 잡아 조여 매지. 자루로는 대나무처럼 가볍고 곧은 나무를 써. 긴 자루 끝에 갈퀴발을 단단히 매면 다 된 거야.

도끼

도끼는 큰 나무를 찍어서 베거나 장작을 쪼개는 데 쓰는 도구야. 먼 옛날 신석기 시대에 쓰던 돌도끼부터 청동도끼, 쇠도끼에 이르기까지 사람들은 오랫동안 도끼를 만들어 써 왔어.

톱이 귀하던 옛날에는 흔히 도끼를 써서 나무를 베었어. 잘 벼린 도끼로 나무 밑둥치를 둘러 가며 찍으면 큰 나무도 어렵지 않게 넘어뜨릴 수 있었지. 이렇게 해 온 나무는 잘 두었다가 말뚝을 만들어 박기도 하고 집짐승 먹이를 담는 구유를 만들기도 했어. 호미, 낫, 작두 같은 온갖 농기구의 자루도 만들었지.

도끼는 쓰임새에 따라 크기가 여러 가지야. 길고 큰 도끼는 장작을 팰 때 썼어. 무겁기는 하지만 굵은 나무도 몇 번만 찍으면 팰 수 있지. 어린아이도 들 수 있을 만큼 작은 도끼는 나무에 있는 옹이를 쪼아 내고 다듬기 좋아.

좋은 도끼는 크나 작으나 날이 두꺼워야 해. 그래야 찍는 힘이 한군데로 모아지거든. 장작을 팰 때는 날 부분이 넓게 벌어진 것은 못 써. 나무를 찍었을 때 사이에 끼어서 잘 빠지지 않아 힘이 곱절로 들기 때문이지. 오래 써서 날이 물러지고 이가 빠진 도끼는 대장간에 가져가서 벼려 썼어.

도끼질을 할 때는 둘레에 있는 사람들을 멀리로 물려야 해. 자칫하면 나뭇조각이 세차게 튀어 다칠 수도 있으니까. 그다음에 도끼질을 하는데, 두 발을 어깨보다 넓게 벌리고 찍을 곳에 정신을 집중해야 하지. 안 그러면 실수로 자기 발등을 찧거나 날이 제대로 맞지 않아서 나무는 안 쪼개지고 힘만 빼게 되거든.

도끼로 장작을 팰 때는 받침나무 위에 통나무를 가로로 뉘어 놓고 패기도 하고 세로로 세워 놓고 패기도 해. 결이 곧아 세로로 잘 쪼개지는 참나무, 밤나무 들은 세워 놓고 패고, 소나무처럼 옹이가 많은 나무는 뉘어서 패지.

발구

발구는 나무를 실어 나르는 데 썼던 기구야. 옛날에는 '발외' 라고 불렀고, 함경도에서는 '발귀' 라고 한다지. 소가 끌지만 바퀴가 없는 달구지라고 할 수 있어. 그럼 바퀴도 없는데 어떻게 무거운 짐을 실어 날랐을까?

발구는 길이가 3~4미터쯤 되는 굵직한 나무 막대 두 개를 나란히 얽어서 만들어. 앞쪽에 있는 가로대와 멍에를 줄로 이어 소가 끄는데, 바퀴가 없으니까 맨 땅바닥에 끌리면서 가는 거야. 그래서 땅바닥에 닿아 생기는 마찰을 줄이려고 바닥에 대는 큰 나무 두 개는 앞머리를 살짝 위로 휘고, 아래는 잘 미끄러지도록 판판하게 깎았지. 뒤에는 짐을 받쳐 주는 가로대를 대어서 짐이 뒤로 빠지지 않게 만들었어.

눈이 왔을 때 쓰는 '눈 발구' 와 맨땅에서 쓰는 '땅 발구' 가 있는데, 얼음이 깔리거나 눈이 많이 쌓여서 달구지를 쓸 수 없을 때는 흔히 눈 발구를 썼지. 특히 눈이 많은 함경도나 강원도 산간 지방에서는 겨울에 발구가 없으면 안 되었어. 산에서 통나무를 해 올 때도 발구를 썼는데, 이처럼 무거운 짐을 나를 때는 발구 뒤에 하나를 더 이어 붙인 쌍발구를 많이 썼어. 산기슭까지는 앞채와 뒤채를 다 끌고 간 다음, 산에 오를 때는 소의 힘을 덜어 주려고 앞채만 끌고 올라가 짐을 실어 내렸대. 가벼운 짐을 실어 나를 때는 사람이 끌기도 했지.

발구를 쓰면 나무를 많이 실을 수는 있지만 바위가 많고 나무가 우거진 곳에서는 걸리는 것이 많기 때문에 쓰기가 힘들었어. 폭이 1.5미터쯤 되다 보니 사람은 얼마든지 짐을 지고 다닐 만한 길이라도 발구를 끌고 다니기는 힘들지. 그래서 발구는 비탈이 심한 곳보다는 밋밋한 구릉지에서 많이 썼어. 특히 겨울철에 눈이 많이 오면 발구를 다루기가 한결 쉬워. 산비탈 끝에서 나무를 해 단단히 동여매고는 밭을 가로질러 끌어 내리면 그대로 미끄러져 쉽게 옮길 수 있거든.

썰매

썰매는 겨울철에 짐을 실어 나르던 기구야. 요즘은 썰매를 타고 노는 놀이 기구로 쓰지만 본디 농사일에 쓰던 기구였어. 짐을 싣고 눈 위를 달린다고 이름도 설마였는데, 사람들이 된소리를 많이 쓰면서 썰매로 바뀌었대.

눈 위에서 바퀴 달린 수레를 끌라치면 바퀴가 눈 속에 빠져서 잘 끌리지 않아. 둥근 바퀴는 무게를 받는 넓이가 좁아서 웬만큼 힘을 써도 꿈쩍하지 않거든. 그래서 눈밭이나 갯벌처럼 푹푹 빠지는 곳에서는 무게를 넓게 받아 덜 가라앉는 썰매나 널빤지를 타고 다녔던 거야.

썰매 날은 납작하고 길이가 1.5~2미터쯤 되는 널빤지로 만들어. 날 앞쪽은 가로막는 것이 있어도 부드럽게 타고 넘어갈 수 있도록 살짝 둥글리고, 날 위쪽에는 짐을 올릴 수 있게 널찍한 가로 막대를 대었지. 날과 서로 단단히 맞물린 가로 막대는 튼튼한 썰매 틀 구실을 했어.

썰매는 사람이 끌기도 했지만 짐을 많이 실을 때는 소가 끌기도 했어. 썰매 앞쪽에 두 날을 붙잡고 있는 손잡이처럼 생긴 것을 '썰매 코'라고 하는데, 여기에 봇줄을 매어서 소가 끌게 하는 거지.

우리나라에서는 특히 강원도 지방 사람들이 썰매를 많이 써 왔어. 눈이 한 번에 많이 오는 데다가 기온도 낮아서 쌓인 눈이 잘 녹지도 않거든. 쌓인 눈 위에 또 눈이 쌓여 겨우내 눈 속에서 살다시피 해야 하지. 그렇다고 바깥일을 안 하고 집 안에만 있을 수는 없잖아. 눈밭에서 무거운 짐을 어떻게 나를 수 있을까 궁리한 끝에 썰매를 만들게 된 거야. 지내기 힘든 자연환경을 오히려 활용하는 지혜가 담겨 있는 도구인 셈이지. 썰매가 없었다면 눈이 많이 오는 고장 사람들은 겨우내 꼼짝도 못하고 눈이 녹기만 기다리고 있어야 했을 테니까 말이야.

찾아보기

거름 주는 연장

거름대 24

쇠스랑 26

귀때동이 36

소매구덩이 36

거름지게와 거름통 32

똥바가지 34

새갓통 38

삼태기 28

장군 30

잿박과 잿고무래 214

가는 데 쓰는 것

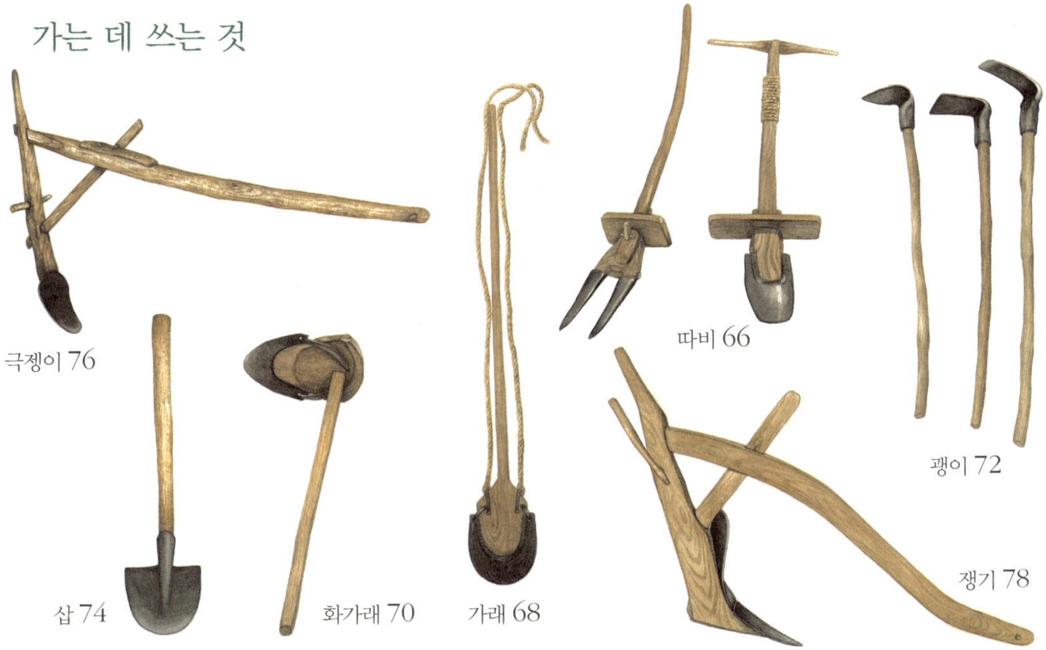

극젱이 76
따비 66
괭이 72
삽 74
화가래 70
가래 68
쟁기 78

삶는 데 쓰는 것

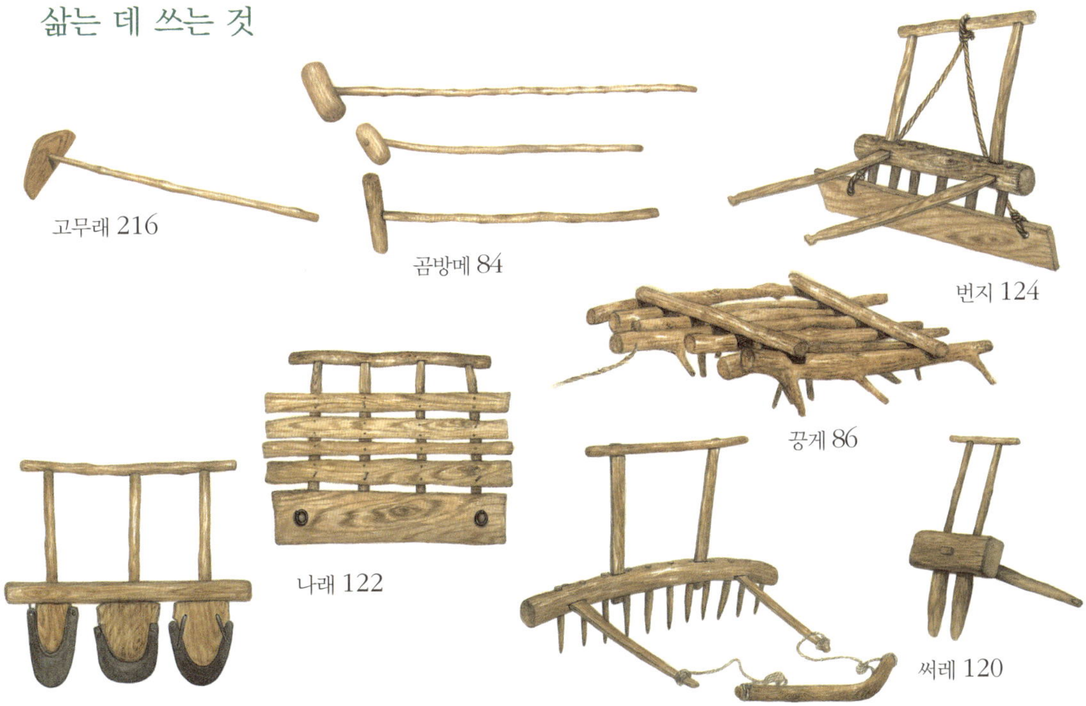

고무래 216
곰방메 84
번지 124
끙게 86
나래 122
써레 120

씨 뿌리는 연장

궁글대 88

남태 88

종다래끼 210

씨오쟁이 212

물 대는 연장

맞두레 90

용두레 92

살포 128

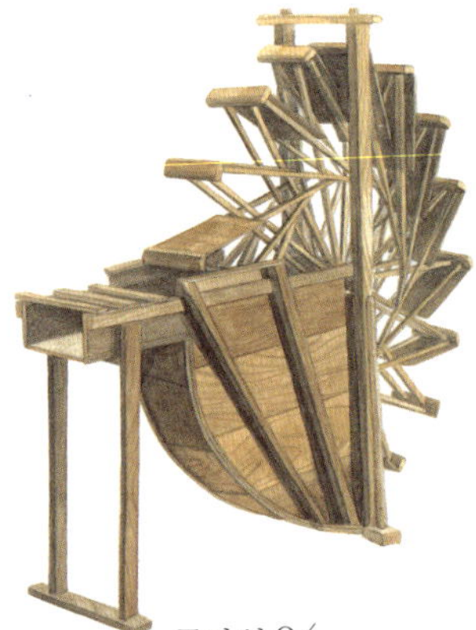
무자위 94

김매는 연장

깍지 138

호미 134

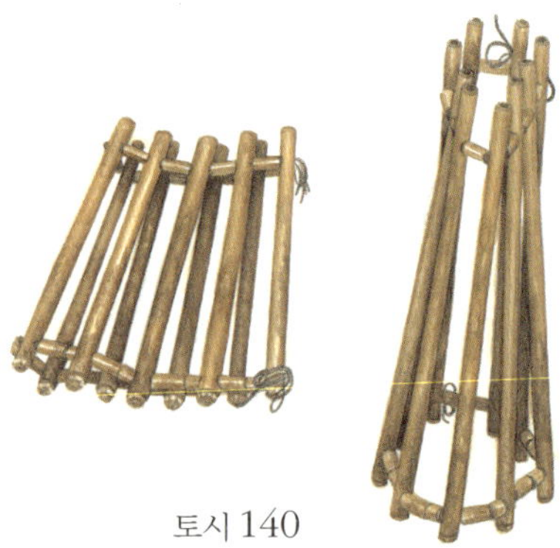
토시 140

알곡 터는 것

개상 154

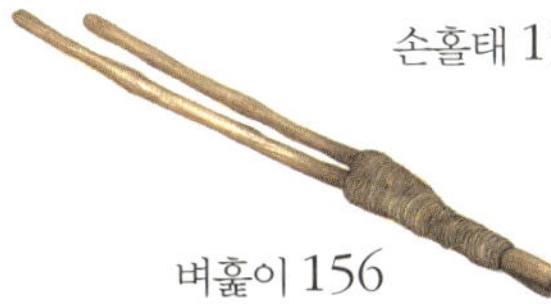

벼훑이 156

손훑태 157

탈곡기 160

그네 158

도리깨 100

알곡 고르는 것

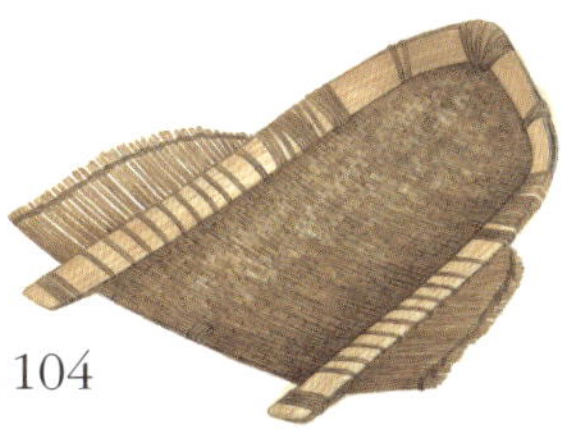

키 104

넉가래 188

부뚜 162

풍구 164

얼맹이 103

어레미 102

찧거나 빻는 연장

매통 166

디딜방아 170

토매 168

물방아 172

물레방아 174

연자방아 176

말리는 데 쓰는 것

거적 184

멍석 186

맷방석 190

발 182

도래방석 190

담는 데 쓰는 것

두트레방석 192

멱둥구미 194

중태 198

가마니 202

나락뒤주 206

채독 204

섬 200

멱서리 196

나르는 연장

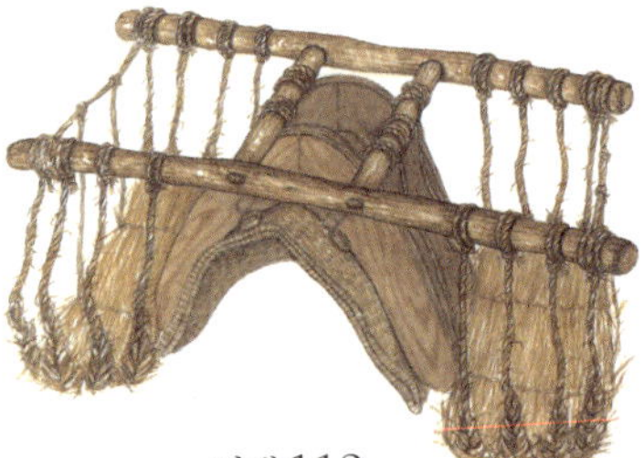

걸채 112

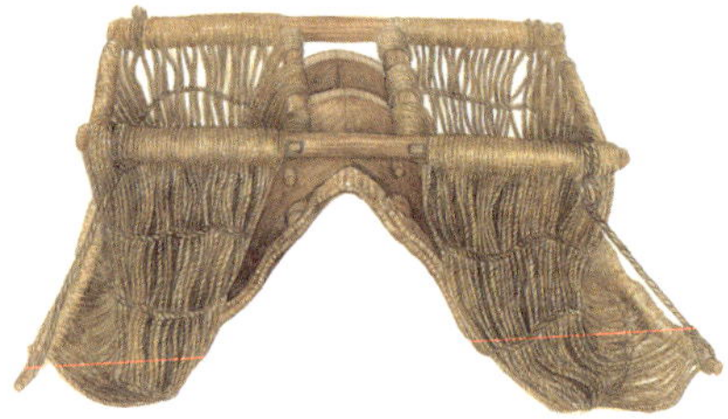

옹구 114

길마 110

지게 106

발채 108

썰매 224

발구 222

달구지 116

그 밖의 연장

갈퀴 218

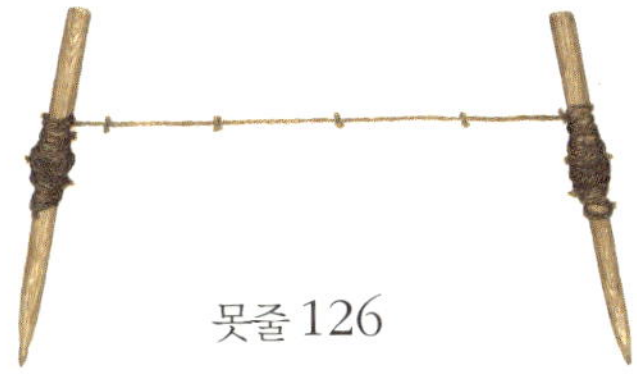
못줄 126

낫 142

도끼 220

태 146

숫돌 42

메 82

도롱이 144

물풀매 148

축산 연장

어리 58

둥우리 60

쇠죽바가지 48

달걀 망태 61

코뚜레 50

워낭 54

작두 44

구유 46

쇠신 56

부리망 52

이십사절기

농사를 주업으로 하던 우리 조상들은 오랫동안 음력을 써 왔다. 곡식이 싹 트고 자라 무르익는 데 많은 영향을 주는 일조량, 강수량, 기온 들은 태양의 움직임과 깊은 관계가 있기에 달의 움직임을 바탕으로 만든 태음력(太陰曆)은 농사짓는 데 부족함이 많았다. 이런 점을 보완하려고 태음력에다 태양의 움직임을 반영해 만든 달력을 태음 태양력(太陰太陽曆)이라고 하는데, 우리가 보통 말하는 '음력'이란 이 태음 태양력을 이르는 것이다. 이십사절기는 이 음력을 기준으로 하여 만든 것으로, 일 년을 춘분, 하지, 추분, 동지 넷으로 나누고 그 사이를 다시 여섯으로 나누어 스물네 개의 절기를 두었다. 절기마다 어울리는 이름을 붙여 입춘, 우수, 경칩, 청명, ……이라 하였는데, 이것을 이십사절기라 한다. 절기는 한 달에 두 번 약 15일 주기로 온다. 이 15일 주기는 지구가 태양의 둘레를 15도씩 이동하는 데 걸리는 시간이다. 이십사절기는 다음과 같다.

입춘(立春, 양력 2월 4일 무렵)
봄이 시작되는 날이다.

우수(雨水, 양력 2월 19일 무렵)
봄비가 내리고 얼었던 땅이 녹는다. "우수에 대동강 물이 풀린다."고 했다.

경칩 (驚蟄 ,양력 3월 5일 무렵)
겨울잠을 자던 동물들이 깨어난다. 경칩에 흙일을 하면 탈이 없다고 해서 벽을 바르거나 담을 쌓기도 한다. 또 보리 싹의 성장을 보아 그해 농사의 풍흉을 점쳤다.

춘분(春分, 양력 3월 21일 무렵)
낮과 밤의 길이가 같다. 이날부터 낮이 길어진다. 씨 뿌릴 준비를 한다.

청명(淸明, 양력 4월 5일 무렵)

한식(寒食) 하루 전날이나 한식과 같은 날이다. 청명을 맞아 봄 일을 시작한다는 특별한 뜻을 두어 농가에서는 논농사를 준비하는 가래질을 했다.

곡우(穀雨, 양력 4월 20일 무렵)

곡우 무렵에는 봄비가 많이 내린다. "곡우에 가물면 땅이 석 자가 마른다."고 했다. 볍씨를 물에 담그고 못자리를 만든다.

입하(立夏, 양력 5월 6일 무렵)

여름이 시작된다. 곡우에 마련한 못자리가 자리를 잡아 간다.

소만(小滿, 양력 5월 21일 무렵)

여름에 접어들면서 날씨가 더워진다. 모내기를 시작하고 이모작을 하는 남쪽 지방에서는 보리 베기를 하느라 바쁘다.

망종(芒種, 양력 6월 6일 무렵)

벼, 보리 같이 수염이 있는 까끄라기 곡식 씨앗을 뿌리기 알맞은 때이다. 모내기와 보리 베기가 끝난다.

하지(夏至, 양력 6월 21일 무렵)

한 해 가운데 낮의 길이가 가장 긴 날이다. 하지가 지나면서 더워지기 시작하여 삼복 무렵 가장 덥다. 강원도 지방에서는 햇감자를 캔다.

소서(小暑, 양력 7월 7일 무렵)

본격적인 더위와 장마가 시작되고 온갖 채소가 풍성해진다.

대서(大暑, 양력 7월 23일 무렵)

중복(中伏)과 겹쳐 가장 더운 때이다. 참외나 수박 같은 과일이 풍성해진다. 곡식도 잡초도 쑥쑥 자란다. 부지런히 김을 매 주어야 한다. 큰비가 오기도 한다.

입추(立秋, 양력 8월 8일 무렵)

가을이 시작된다. 꼴을 베어 두엄도 만들고 허수아비도 세운다. 김장할 무, 배추를 심는다.

처서(處暑, 양력 8월 23일 무렵)

더위가 가시고 일교차가 커진다. 처서가 지나면 따가운 햇볕이 누그러져서 풀이 더 자라지 않기 때문에 논두렁의 풀을 베거나 산소에 벌초를 한다.

백로(白露, 양력 9월 8일 무렵)

아침저녁으로 제법 쌀쌀해지고 이른 아침에는 풀잎에 이슬이 맺힌다. 고된 여름 농사가 끝나고 추수 때까지 잠시 일손을 쉬는 때이다. 산과 들에는 오곡과 온갖 열매들이 익어 간다. 남쪽에서 태풍이 불어와 피해를 주기도 한다.

추분(秋分, 양력 9월 23일 무렵)

낮과 밤의 길이가 같다. 이날부터 밤이 길어진다. 논밭의 곡식을 거두어들이고 고추도 따서 말리면서 가을걷이를 시작한다.

한로(寒露, 양력 10월 8일 무렵)

찬 이슬이 맺히기 시작한다. 더 추워지기 전에 추수를 끝내야 하므로 타작이 한창이다.

상강(霜降, 양력 10월 23일 무렵)

서리가 내리기 시작한다. 입추 무렵부터 시작된 추수가 거의 마무리된다.

입동(立冬, 양력 11월 7일 무렵)

겨울이 시작된다. 땅이 얼기 전에 김장거리를 거두어들인다.

소설(小雪, 양력 11월 22일 무렵)

눈이 오기 시작하고 살얼음이 잡히면서 땅이 얼기 시작한다. 김장을 하고 메주도 쑨다.

대설(大雪, 양력 12월 7일 무렵)

이 무렵에 눈이 많이 내린다. 대설에 눈이 많이 오면 겨울이 따뜻하고 이듬해 풍년이 든다고 한다. 가마니도 짠다.

동지(冬至, 양력 12월 22일 무렵)

한 해 가운데 밤의 길이가 가장 긴 날이다.

소한(小寒, 양력 1월 6일 무렵)

이름으로는 대한(大寒)이 더 춥다는 뜻이지만, 우리나라는 소한(小寒) 때가 가장 춥다. "대한이 소한 집에 놀러 갔다가 얼어 죽었다."는 말이 있다.

대한(大寒, 양력 1월 20일 무렵)

한 해의 마지막 절기이다. 겨울 추위는 입동에서 시작해 대한에 이르러서 가장 춥다고 하지만, 이때부터 추위는 한풀 꺾이기 시작한다.

*** 일러두기** 이처럼 전해 내려오는 이십사절기에 따른 농사일이나 기후는 오늘날과 많이 다르다. 이십사절기는 중국 절기에 맞추어 만들어진 것이기 때문에 우리나라 기후와는 차이가 있고, 농법의 발달과 지구 온난화 때문에 농사 시기가 많이 달라지기도 했기 때문이다.

참고한 책

《고려시대 질그릇》(연세대학교 박물관, 1991, 연세대학교 박물관)

《농기구》(박대순 · 김종섭, 1992, 대원사)

《농사짓는 즐거움》(이우성, 2006, 흙살림연구소)

《농사회 & 농문화》(김광식, 2006, 농문화연구소)

《농업어휘 낱말밭》(김응모, 2006, 박이정)

《두레》(주강현, 2006, 들녘)

《민족생활어사전》(이훈종, 1992, 한길사)

《사진으로 보는 1940년대의 농촌풍경》(고광민 외, 2002, 대원사)

《사진으로 보는 조선시대》(조풍연, 1973, 서문당)

《생활문화와 옛 문서》(국립민속박물관, 1991, 국립민속박물관)

《생활용구 제1호~제8호》(짚풀문화연구회, 1999, 민속원)

《서울의 어제와 오늘》(서울특별시, 1988)

《온양민속박물관》(온양민속박물관, 1991, 온양민속박물관)

《옹기》(정양모 외, 1997, 대원사)

《우리네 농사연장》(김재호, 2004, 소나무)

《우리생활 100년》(김광언, 2000, 현암사)

《제주도 전래 농기구》(김동섭, 2004, 민속원)

《조선고고학개요》(사회과학원 고고학연구소, 1989, 새날)

《조선민속사전》(인용철 외, 2004, 과학백사사전출판사)

《조선시대 질그릇》(연세대학교 박물관, 1993, 연세대학교 박물관)

《조선의 민속전통 4》(조선의 민속전통 편찬위원회, 1994, 과학백과사전종합출판사)

《조선의 사계절 민속》(리정남, 2005, 평양출판사)

《짚 · 풀로 엮은 바구니》(인병선, 1996, 짚풀생활사박물관)

《짚풀생활사박물관》(인병선, 2007, 스쿨김영사)

《토종문화와 모듬살이》(홍석화, 1997, 학민사)

《풀문화》(인병선, 1999, 대원사)

《한국 짚 문화 --우리 삶의 뿌리》(국립민속박물관, 1991)

《한국농기구고》(김광언, 1986, 백산자료원)
《한국민속》(한국민속촌, 1997, 양서문화사)
《한국민속대관 5》(고려대학교 민족문화연구소, 1980, 고려대학교 민족문화연구소)
《한국민속대사전》(한국민속사전 편찬위원회, 1991, 민족문화사)
《한국민족문화대백과사전》(한국민족문화대백과사전 편찬부, 1991, 한국정신문화연구원)
《한국을 다시 본다》(연합통신, 1998, 연합통신)
《한국의 농기구》(김광언, 1969, 문화공보부 문화재관리국)
《한국의 농기구》(박호석 · 안승모, 2001, 어문각)
《한국의 농업유물》(농협중앙회 농업박물관, 1997, 농협중앙회 농업박물관)
《한국의 농요 1~4》(이소라, 1985~1990, 현암사)
《한국의 발견》(뿌리깊은나무 편집부, 1982~1983, 뿌리깊은나무)
《한국의 재래농기구》(박호석, 2004, 한국학술정보)
《한국의 주거민속지》(김광언, 1988, 민음사)
《한국의 풍물》(박의서, 1991, 재원))

참고한 인터넷 사이트

가평현암농경유물박물관 http://www.gpmuseum.co.kr/
광주광역시립민속박물관 http://gjfm.gjcity.net/
국립민속박물관 http://www.nfm.go.kr/
금오민속박물관 http://www.geumofm.net/
농업박물관 http://www.agrimuseum.or.kr/
두루뫼박물관 http://www.durumea.org/
부평역사박물관 http://www.bphm.or.kr/
온양민속박물관 http://www.onyangmuseum.or.kr/
전라남도농업박물관 http://www.jam.go.kr/

글 이순수

1965년 섬진강 모래밭이 고운 경남 하동에서 태어나 자랐습니다. 어려서부터 부모님을 따라다니며 논농사 밭농사를 거들었지요. 또 농기구를 손수 만들어 쓰던 아버지를 도우면서 우리 농기구에 대해 많은 걸 배웠습니다. 경상대학교에서 국어 국문학을 공부한 뒤 소설《섬진강》과 동화책《하늘 땅이 생긴 이야기》를 썼습니다. 한동안 출판사에서 어린이 책을 만드는 일을 하다가 지금은 시골에서 농사짓는 짬짬이 글을 쓰면서 살고 있습니다. 그 바람에 흙 주무르며 놀기를 좋아하는 딸과 아들은 아빠 직업이 무엇인지 아리송하대요. 저는 이 책이 그 답이 되리라 여기고 있답니다.

세밀화 김경선

1969년 서울에서 태어나고 이화여자대학교와 대학원에서 미술을 공부했습니다. 사실 도시에서 자란 탓에 농촌에 대한 별다른 경험은 없지만 시골 논두렁에 앉아 거름 냄새를 맡으며 새참을 먹은 기억은 뚜렷해요. 어찌나 꿀맛이었던지 지금도 거름 냄새만 맡으면 식욕이 생긴답니다. 호미와 낫도 구별 못하던 제가 그림을 그리면서 농기구를 하나하나 공부하게 되었습니다. 그림을 끝내고 나니 우표만 한 텃밭이라도 가꾸고 싶은 마음이 생겼어요. 사람들 마음을 따뜻하게 밝혀주는 그림책을 만드는 것이 꿈입니다. 지금은 비행기에 관한 논픽션 책을 준비하고 있습니다.

펼친 그림 낙송재

1961년에 태어났습니다. 추계예술대학에서는 동양화를 배우고 동국대학교 교육 대학원에서는 미술 교육을 전공했지요. 대한민국 미술대전, 후소회 공모전, 중앙미술대전 들에 당선하기도 하고요. 어린이들이 우리 전통 그림과 가까워질 수 있었으면 하는 바람으로 동화책에 동양화 기법을 살린 그림을 많이 그렸습니다. 그동안 낸 책으로는《연싸움》,《대동놀이》,《을지문덕》,《영차 영차 줄을 당기세》,《어린이 고려사》들이 있어요. 지금은 인하대학교에서 학생들을 가르치며 그림을 그리고 있습니다.